축구의
멈추기
차 기
절대 기술

가자마 야히로 지음 | 이지호 옮김 | 조세민 감수

한스미디어

발의 감각을 이미지로 만들어, '멈추기·차기'를 마스터한다

'왜 발은 손처럼 자유자재로 사용할 수 없는 걸까?'

'손으로는 공을 잡을 수 있는데 왜 발로는 공을 잡을 수 없는 걸까?'

나는 어렸을 때부터 줄곧 이런 의문을 품었다. 시간이 날 때마다 맨발로 공을 터치하며 수없이 공과 대화를 했던 기억이 지금도 생생하다. 사람의 발에는 수많은 신경이 있어서, 공을 계속 만질수록 발의 감각이 마치 고성능 센서처럼 예민해진다. 그리고 이 감각을 기억하면 이번에는 머리가 '더 잘할 수 있어'라고 가르쳐 준다.

하지만 언제부터인가 '신발을 신은 상태'로 축구를 하게 되었다. 그래서 이번에 《축구의 멈추기 차기 절대 기술》을 쓰면서 예전 그때처럼 발의 감각을 이미지로 만드는 일에 도전했다. 이를 위해 오랜만에 맨발로 공을 터치해 봤는데, 그리운 감촉과 함께 그동안 잊고 있었던 섬세한 볼 터치가 기억 속에서 되살아났다.

'발등'이 아니라 '발등의 어떤 부분'으로 느끼는가? '발가락'이 아니라 '발가락의 어떤 부분'으로 느끼는가? 축구공의 어떤 부분을 어떻게 터치하면 공이 뜻대로 움직이는가? 이것을 알아내기 위해 연습을 계속할수록 즐거워졌다. 하지만 한편으로 계속할수록 어려워졌다. 그렇지만 계속할수록 확실하게 감각이 단련되면서 기술이라는 형태로 나타난다는 것을 느꼈다.

이 기술의 정확성이 시간·장소·상대와 나의 관계를 결정하며, 수많은 선택지와 빠른 판단을 낳고 더욱 높은 수준의 기술을 원하도록 만든다. 그리고 이러한 과정을 반복하면서 경기에서 사용하기 위한 '무기'를 만들어낼 수 있다. 기술은 언제나 자신의 머릿속에 있기 때문이다.

몸과 공의 성질을 알고, 자신의 특징을 이해하면서 감각을 갈고 닦다 보면 자신의 '절대 기술'을 만들 수 있다. 절대 기술이란 다시 말해 상황에 영향을 받지 않는 기술이다.

이를 얼마나 철저하게 추구할 수 있을지, 자신의 힘으로 어디까지 추구할 수 있을지, 몸과 마음 모두 얼마나 즐기면서 추구할 수 있을지, 자신의 가능성에 도전해 보기 바란다. 틀림없이 아직 여러분의 내부에 숨어 있는 기술과 발상력을 발견할 수 있을 것이다.

가자마 야히로

축구 지도자로 일한 지 올해로 정확히 10년이 되었습니다. 길다면 길고 짧다면 짧은 시간 동안 저는 다양한 연령대의 유·청소년 및 성인 아마추어 선수들과 인연을 이어오고 있습니다. 이런 저에게는 "어떻게 하면 내가 알고 있는 지식을 효과적이면서 효율적으로 전달할 수 있을까?", "어떻게 해야 배운 기술을 자신들의 것으로 만들 수 있게 도울 수 있을까?"가 가장 큰 과제였습니다.

축구는 몸으로 하는 운동이라 많은 분들이 이론보다는 실전 경험을 우선시하는 경향이 있습니다. 하지만 지난 10년간 지도자 생활을 하면서 제 나름대로 내린 결론은 운동장에서 시범을 보이며 선수들의 자세를 직접 교정하는 교수법도 중요하지만, 왜 그런 훈련을 해야 하고 또 그 효과가 무엇인지 이해시키는 교수법이 함께 진행되어야 더 좋은 결과를 낳는다는 것이었습니다. 후자의 교수법 효과를 향상시킬 수 있는 최고의 방법은 '독서'라고 생각합니다. 독서는 사람의 상상력을 자극합니다. 상상력은 곧 이미지 트레이닝의 출발점이고, 이는 자신의 기술을 객관화시켜 관찰할 수 있게 해주기 때문에 피드백을 통한 지속적인 성장의 발판이 될 수 있습니다.

《축구의 멈추기 차기 절대 기술》을 읽으면서 제가 느낀 가장 큰 특징은 제가 지도 과정에서 어렵게 느꼈던 부분을 쉽게 이해할 수 있도록 친절하게 설명해준다는 점이었습니다. 특히 다양한 볼 터치 기술의 포인트를 그림으로 설명하는 방법은 저에게 굉장히 신선하게 다가왔습니다. 축구를 즐기는 많은 분들이 제가 이 책을 읽는 도중에 내뱉었던 감탄사의 전율을 함께 느껴보셨으면 하는 바람입니다. 이 책에서 저자가 펼친 축구 지식과 경험은 생활체육으로 축구를 즐기고 있는 동호인뿐만 아니라 축구계에 종사하는 전문 축구인에게도 큰 도움이 될 것입니다.

조세민

contents

공을 멈추는 방법

'공을 멈춘다'는 것은 쉽게 말하면 공을 정지시키는 것이다.
멈춘 것처럼 보이지만 실제로는 확실히
멈추지 못한 경우가 매우 많다.
공의 어떤 부분을 터치해야 확실히 정지시킬 수 있을까?
공과 발의 '점'을 맞추는 방법을 설명한다.

①
'점'을 찾아낸다

공의 중심보다 위쪽
에 있는 터치할 '점'을
찾아낸다

②
자세를 잡는다

무릎과 고관절을 사용해
자세를 잡는다

공의 중심보다 위쪽을 엄지발가락 밑동의 '튀어나온 부분'으로 터치한다.

축구공을 '멈춘다'는 것은 공을 정지시킨다는 뜻이다. 공이 구르거나 움직이고 있다면 그것은 공을 멈춘 것이 아니라 '이동시키고 있는' 것이다. 이동시킬 생각으로 공을 움직이고 있다면 상관없지만, 멈출 생각이었는데 공이 움직이고 있다면 그것은 미스 플레이다.

공을 '멈추면' 다음 플레이를 원활히 할 수 있다. 움직이고 있는 공을 차는 것보다 멈춰 있는 공을 차는 것이 더 쉽다. 또한 공이 멈춰 있으면 공에서 시선을 뗄 수 있어서 주위를 둘

러보며 상황을 정확히 파악할 수 있다.

공을 멈추기(=정지시키기) 위해서는 어떻게 해야 할까? 공의 중심보다 위쪽을 터치해야 한다. 공의 중심보다 아래를 터치하면 공에 위로 향하는 힘이 작용하고, 중심을 터치하면 공이 반발을 일으킨다. 한편 공의 윗부분을 터치하면 아래로 향하는 힘이 작용하는데, 아래는 지면이다. 그러나 공이 지면 아래로 파고들지는 못하기 때문에 그곳에 멈추는 것이다.

그렇다면 발의 어떤 부분으로 공을 터치해야 할까? 공의 중심보다 윗부분의 한 점을 터치하면 되기 때문에, 사실은 발의 어떤 부분으로 터치하든 상관이 없다. 발끝으로 터치하든 발꿈치로 터치하든 터치해야 할 점을 제대로 터치하면 공은 멈춘다. 다만 가장 안정감이 있는 부분은 엄지발가락 밑동 근처의 살짝 튀어나온 뼈 부분이다. 이곳보다 발가락과 가까운 부분은 공의 기세에 밀려서 공을 놓치는 실수를 저지를 가능성이 높다. 반대로 인사이드의 아치 부분은 활처럼 휘어져 있어서 포인트를 파악하기가 어렵기 때문에 포인트가 아닌 부분으로 터치

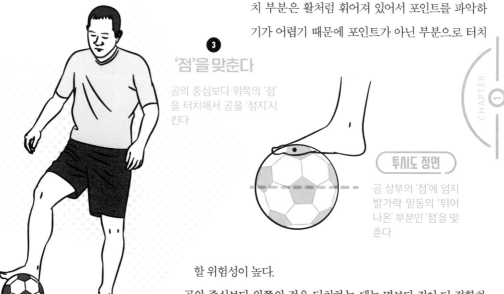

❸
'점'을 맞춘다

공의 중심보다 위쪽의 '점'을 터치해서 공을 '정지'시킨다

투시도 정면

공 상부의 '점'에 엄지발가락 밑동의 '튀어나온' 부분인 '점'을 맞춘다

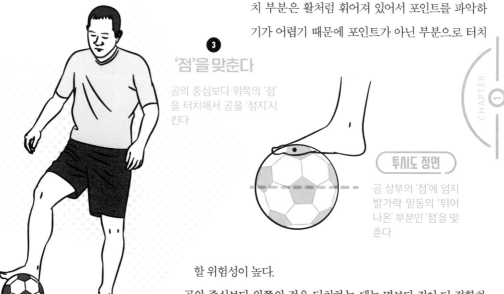

할 위험성이 높다.

공의 중심보다 위쪽의 점을 터치하는 데는 면보다 점이 더 적합하다. 인사이드는 면이 아니라 점으로 점을 터치하는 편이 확실하다. 가령 버튼을 누를 때 손가락을 사용하는 것에 비교할 수 있다. 손바닥 전체로 눌러도 되지만, 보통은 버튼이라는 점을 손가락 끝이라는 점으로 터치할 것이다.

공의 어디를 터치해야 할지, 발의 어디로 터치해야 할지는 그림을 참조하기 바란다. 다만 실제로 공을 멈출 때는 공을 위에서 내려다보기 때문에 반복적인 연습을 통해 공의 어떤 점을 발의 어떤 부분으로 터치해야 할지 그 감각을 익혀야 한다.

공을 멈추면 '다음 플레이'를 할 수 있다

공을 멈추면 '다음 플레이'를 할 수 있다. 공을 정지시켜 놓으면 즉시 패스를 할 수 있다. 슛을 할 수도 있고, 드리블을 할 수도 있다. 공이 멈춰 있으면 가장 빠르고 확실하게 다음 플레이로 이행할 수 있다.

공을 멈춰 놓으면 고개를 들어 주위를 둘러볼 수 있다. 또한 패스를 받고자 하는 동료는 이 타이밍에 마크에서 벗어날 수 있다면 자유로운 상태에서 패스를 받을 수 있다. 다시 말해 공을 소유한 선수와 주위의 선수들이 '다음' 플레이의 타이밍을 공유할 수 있게 되는 것이다.

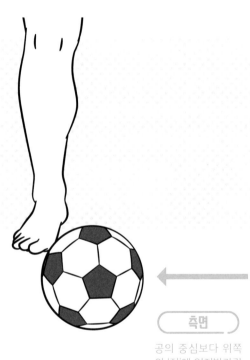

측면

공의 중심보다 위쪽의 '점'에 엄지발가락 뿌리 부분의 '점'을 맞춰서 정지시킨다 동료가 최적의 위치에 자리를 잡고 있더라도 그 타이밍에 패스가 오지 않으면 상대에게 마크를 당할지 모른다. 이것은 패스를 하는 쪽의 문제이기도 하지만, 받는 쪽이 너무 일찍 움직인 탓일지도 모른다. 동료가 공을 확실히 멈춰 놓지 못한, 고개를 들지 않은 상태에서는 좋은 패스가 올 확률이 낮다.

공을 멈출(=정지시킬) 수 있다면 동료는 그 타이밍에 맞춰 움직일 수 있으며, 그 타이밍이 가장 **빠른** 타이밍이다. 공을 두 번 세 번 터치하면서 컨트롤하고 있으면 다음 플레이가 늦어질 뿐만 아니라 동료들도 언제 '다음 플레이를 해야 할 타이밍'인지 파악하기 어렵다.

공을 제때 멈출 수 있어야 팀 동료들과 타이밍을 공유하면서 플레이할 수 있는 것이다.

정면

터치해야 할 공의 '점'은
공의 '위쪽'이다

축구 실력을 향상시키는 가자마의 조언 1

"정답이 아니라 절대 기술을 만든다."

플레이의 정답은 상황에 따라 달라진다. 이곳을 터치하면 공은 완전히 정지한다, 이곳에 공을 두면 상대가 달려들지 못한다, 이곳으로 슛을 하면 들어간다……. 일류 선수들은 이렇게 상황에 좌우되지 않는 '절대 기술'을 보유하고 있다.

① 발을 앞으로 내민다

② '점'을 맞춘다

오른발을 앞으로 내밀면서 공 윗부분의 '점'을 터치한다

몸 앞에서 멈춘다

내가 현역으로 뛰던 시절에는 "공 위에 지붕을 씌워라"라고 교육을 받았다. 마치 지붕을 씌우듯이 공 위를 인사이드로 터치해 발과 지면 사이에 공을 끼우면 공을 정지시킬 수 있다. 다만 이 방법으로는 자신의 몸 바로 아래에서만 공을 멈출 수 있다. 공을 멈출 수 있는 장소가 한정되는 것이다.

공이 닿는 순간에 "발을 빼라"라고 교육받아 온 사람도 많을 것이다. 공이 닿는 순간 발을 뺌으로써 공의 기세를 흡수하는 방법이다. 다만 이것도 공의 속도가 빠를 경우에는 그만큼 재빨리 발을 빼지 않으면 공이 튕기고 만다. 또한 이 방법으로는 움직이면서 공을 컨트롤하기도 어렵다.

한편 공의 윗부분을 터치하는 방법은 공을 정지시키는 한 점을 터치하는 원리는 변하지 않기 때문에 자신의 몸 아래에서도 몸 앞에서도 공을 멈출 수 있다.

전진하면서 공을 멈출 때는 발을 앞으로 뻗는 형태로 멈추게 되지만, 터치할 수 있는 포인트는 같다. 또한 터치하는 발 부분도 다르지 않다.

경기 중에 상대의 세로 패스를 읽고 커트할 경우를 생각해 보자. 마크하고 있는 상대의 앞으로 끼어들어 패스를 차단하다 보면, 공이 멀리 튕겨 나가는 실수를 저지르기 쉽다. 기껏 커트를 했는데 자신의 몸에서 공이 지나치게 멀어지는 것이다.

공의 윗부분을 터치해서 정지시키면 이런 실수를 줄일 수 있다. 이때 발의 어떤 부분으로 공을 터치

❸
공이 정지한다

몸 앞에서 공을 멈출 때도 원칙은 똑같다. 공 윗부분의 '점'을 발의 '점'으로 터치한다

하느냐는 그다지 중요하지 않다. 발끝으로 터치하든, 발바닥으로 터치하든 상관없다. 자신이 편한 부분을 사용하면 된다. 공 윗부분의 정지시킬 수 있는 포인트를 정확히 터치하면 공은 반드시 멈춘다. 이 터치해야 할 포인트를 확실히 파악하는 것이 중요하다.

공 윗부분을 정확하게 터치하면 공이 멀리 튕겨 나가는 실수를 방지할 수 있다

몸 안쪽에서 멈춘다

공을 몸 앞에서 멈출 때든, 몸 아래나 약간 뒤쪽에서 멈출 때든 공의 윗부분을 터치하는 것은 똑같다.

몸의 뒤쪽에서 공을 멈추는 플레이는 방향 전환을 할 때 자주

4 인사이드

공을 멈추는 방법

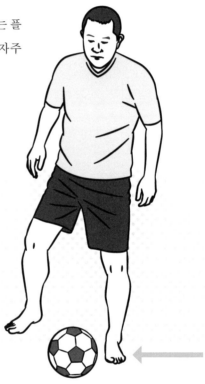

①
몸 안쪽에서
공을 맞이한다

사용된다. 몸 앞에서 공을 통과시키면서 몸을 열어 공의 윗부분을 터치해 정지시킨다.

왼쪽에서 온 공을 오른쪽으로 전개하고 싶을 때나 뒤쪽에서 온 공을 받아 턴하면서 앞을 향하고 싶을 때 자주 사용하는 방법이다. 반대로 공을 흘려보내는 척하다가 약간 앞쪽에서 터치해 상대의 허를 찌를 수도 있다.

공의 윗부분을 터치해서 멈추면 어떤 장소에든 공을 둘 수 있다. 공을 어디에 두려고 하든 핵심은 공의 윗부분을 정확히 터치하는 것이다. 무릎과 고관절로 조정해서 항상 정확한 포인트를 터치할 수 있도록 하자.

공의 윗부분을 터치한다

몸을 회전시킨다

몸을 열면서 공의
윗부분을 터치한다

공이 온 방향과는
반대쪽에 둔다

'점'을 맞춘다

몸 아래나 뒤쪽에서 공을
멈출 때도 원칙은 같다.
공 윗부분의 '점'을 발의
'점'으로 터치한다. 몸을
조정해서 공을 멈출 장소
를 바꿀 뿐이다

새끼발가락으로 공의 윗부분을 터치한다

발의 아웃사이드를 사용해서 공을 멈출 때도 터치해야 할 공의 포인트는 같다. 중심보다 위쪽의 한 점이다.

인사이드의 경우는 엄지발가락 밑동의 '튀어나온 부분'으로 공을 터치했는데, 아웃사이드의 경우는 새끼발가락의 밑동으로 터치한다. 다만 인사이드의 경우도 그랬듯이 꼭 이 부분으로 터치해야만 하는 것은 아니다. 공의 어디를 터치하느냐가 더 중요하며, 공을 터치하는 발의 부위는 자신이 편한 부분을 사용하면 된다.

다만 공의 점을 발의 점으로 터치해야 하기 때문에 새끼발가락의 밑동 부분을 사용하는 편이 터치하기 쉽다는 것이 내 생각이다.

❶
'점'을 찾아낸다

터치해야 할 공의 '점'을 찾아낸다

터치해야 할 공의 '점'
은 인사이드, 아웃사
이드 모두 중심보다
위쪽으로 동일하다

발의 '점'

새끼발가락의 밑동
으로 공을 터치한다

❷
무릎을 든다

무릎을 들어서 발의
높이를 조정한다

❸
'점'을 터치한다

새끼발가락 밑동으
로 공 윗부분의 '점'
을 터치한다

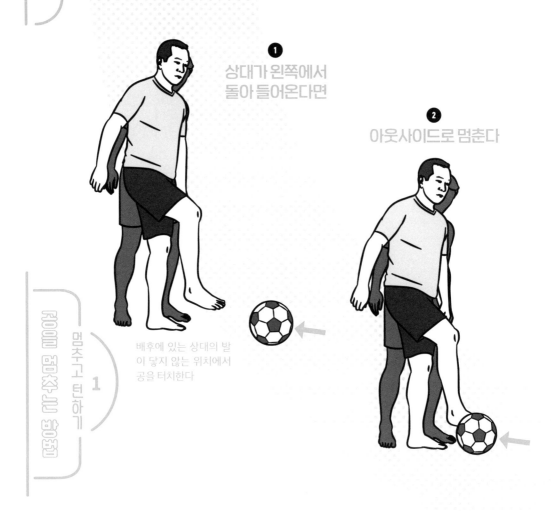

①

상대가 왼쪽에서
돌아 들어온다면

②

아웃사이드로 멈춘다

배후에 있는 상대의 발
이 닿지 않는 위치에서
공을 터치한다

아웃사이드로 멈추고 턴한다

상대가 등 뒤에서 마크하고 있을 때, 발의 아웃사이드를 사용해서 공을 멈추면 상대와 멀리 떨어진 위치에서 공을 멈출 수 있다는 이점이 있다. 다만 이때 상대에 대해 90도 방향으로 서서 상대에게 몸을 기울인 채로 공을 멈추려는 모습을 종종 보곤 한다. 공을 최대한 상대로부터 먼 곳에 두고 싶어서 그러는 것이겠지만 그다지 추천하지는 않는다. 상대에 대해 90도 방향으로 서면 상대의 몸을 저지하는 데는 좋을지 모르지만, 이 자세에서 발의 아웃사이드를 사용해 공을 멈추면 거의 한 방향으로밖에 움직이지 못하기 때문이다.

예를 들어 오른발잡이 선수가 몸의 왼쪽을 수비수에게 기울이면서 오른발의 아웃사이드로 공을 멈춘다고 가정하자. 그러면 멈춘 뒤에 공을 움직일 수 있는 방향은 오른쪽으로 한정되고 만다. 아웃사이드로 공을 터치하면 오른 발목은 오른쪽 방향으로 움직일 수 있지만 반대로는 움직이기가 어렵다. 다시 말해 이 자세에서 공을 받으면 시계 방향으로만 돌 수 있다.

　등 뒤에 상대가 있을 때도 가능하면 정면을 향한 자세로 공을 받는 편이 좋다고 생각한다. 상대가 공을 빼앗기 위해 왼쪽에서 돌아 들어왔다면 아웃사이드로 공을 멈추면서 시계 방향으로 턴해서 떼어낸다. 반대로 상대가 오른쪽에서 돌아 들어온다면 인사이드로 멈추면서 반시계 방향으로 턴해서 떼어낼 수 있다.

③

정면을 향한 자세로 받아서

상대가 왼쪽에서 공을 빼앗으려고 들어온다면 아웃사이드로 공을 멈추고 시계 방향으로 턴해서 떼어낸다

④

오른쪽으로 턴한다

인사이드로
멈추고 턴한다

❶ 인사이드로 멈춘다

상대가 오른쪽에서
공을 빼앗으려고 들
어온다면

❷ 왼쪽으로 턴한다

인사이드로 멈추고
왼쪽으로 턴한다

상대에 대해 90도 방향으로 서서 몸을 밀착시키고 아웃사이드로 공을 멈추면 오른쪽으로 턴할 수밖에 없다

　정면을 향한 자세로 공을 받으면 아웃사이드로 멈출지 인사이드로 멈출지를 순간적으로 바꿀 수 있다. 처음부터 자세가 경직되어 있으면 매끄러운 움직임으로 상대의 허를 찌를 수 없으니 가급적 정면을 향한 자세로 받는 것이 좋다.

　배후에 상대가 있을 때는 공을 멈추기 전에 상대의 몸에 자신의 몸을 부딪치는 '얼리 히트'를 종종 사용하게 되는데, 이때도 심하게 몸을 부딪칠 필요는 없다. 공을 향해 다가가는 도중에 일순간 정지하는 것으로 충분하다. 이쪽에서 먼저 몸을 부딪칠 필요 없이 잠시 멈춰 서기만 해도 상대가 알아서 몸을 부딪치게 된다. 상대의 시선은 공에 집중되어 있기 때문에 이쪽이 갑자기 멈추면 부딪치는 것이다. 그리고 상대의 자세가 무너진 틈에 공을 멈추면 된다.

뜬 공을
인사이드로
멈춘다

❶ 공의 위치에 맞춰서

❷ 터치할 '점'을 찾아낸다

공중에 떠 있는 공의
어디를 터치해야 할지
찾아낸다

공중에 있는 공을 컨트롤하는 방법도 기본적으로는 땅볼을 멈추는 방법과 동일하지만, 공이 공중에 떠 있기 때문에 멈추기 위해 터치하는 공의 점이 그때그때 다르다. 그래서 공의 위치에 맞춰 터치하는 포인트를 조정해야 한다.

자신의 몸 앞에 거대한 구체가 있다고 상상해 보자. 그 구체 속에 공이 들어 있다. 이때 어떤 위치에 있는 공을 터치하느냐에 따라 터치해야 할 점이 달라진다. 자신과 가까운 위치에 있는 공인가, 먼 위치에 있는 공인가? 오른쪽에 있는 공인가, 왼쪽에 있는 공인가? 높은 위치에 있는 공인가, 낮은 위치에 있는 공인가?

또 한 가지는 자신이 어떤 위치에 공을 멈추고 싶은가다. 공을 오른쪽에 떨어뜨리고 싶은가, 왼쪽에 떨어뜨리고 싶은가? 아니면 정면에 떨어뜨리고 싶은가? 이것에 따라서도 터치해야 할 포인트가 달라진다.

"프로가 되고 싶다고 생각하지 마라."

프로 선수를 목표로 삼으면 프로 선수가 된 시점에 목표가 달성되고 만다. '세계에서 축구를 제일 잘하는 사람이 되고 싶다'라고 생각하면 프로는 통과하는 과정에 불과하다

❸ 인사이드로 멈춰서

❹ 정면에 떨어뜨린다

뜬 공을
인스텝으로
멈춘다

❶
떨어지는 공을

❷
인스텝으로

위에서 떨어지는 공
을 인스텝으로 터치
할 경우, 발을 살짝 뒤
로 당겨서 공의 기세
를 흡수한다

공을 멈추는 방향은 공을 터치하는 위치를 통해서
조정한다. 자신의 왼쪽에 공을 두고 싶을 때는 공의 중
심보다 오른쪽의 점을 터치한다. 반대로 자신의 오른
쪽에 공을 두고 싶다면 공의 왼쪽을 터치한다.

원칙적으로 공을 두는 위치는 지면이기 때문에, 공
의 좌우 어느 쪽을 터치하든 중심보다 위쪽을 터치하
면 공에 아래로 향하는 힘이 작용한다. 만약 공을 띄우
고 싶을 때는 중심보다 조금 아래를 터치하면 된다.

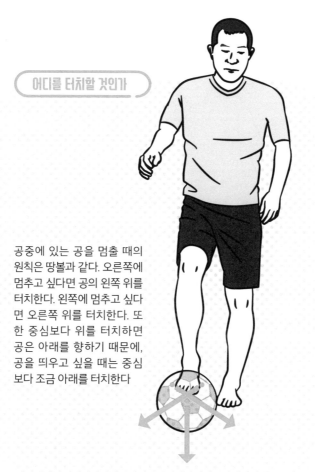

어디를 터치할 것인가

공중에 있는 공을 멈출 때의 원칙은 땅볼과 같다. 오른쪽에 멈추고 싶다면 공의 왼쪽 위를 터치한다. 왼쪽에 멈추고 싶다면 오른쪽 위를 터치한다. 또한 중심보다 위를 터치하면 공은 아래를 향하기 때문에, 공을 띄우고 싶을 때는 중심보다 조금 아래를 터치한다

축구 실력을 향상시키는 가자마의 조언 3

"팀을 위해 플레이하지 마라."

팀을 위해 플레이하려고 생각하는 11명보다는 자신이 팀을 승리로 이끌려면 어떻게 해야 할지 생각하는 11명이 더 강한 팀이 된다

몸 아래에서 공을
터치한다

공 상부의 '점'에 발의
'점'을 터치한다

EXTRA
뒤로 옮기기
발밑으로 공을 넣어

디딤발의
뒤쪽으로
공을 옮긴다

디딤발의 뒤쪽으로 공을 옮긴다. 오른발로 공을 터치한다면 디딤발은 왼발이 된다. 오른발의 인사이드로 공을 터치하고, 인사이드에 공을 붙인 채 왼발의 뒤쪽으로 발을 빼서 공을 옮긴다. 그리고 살짝 공을 눌러서 왼발의 앞에 둔다.

"장소로 승부하지 않는다."

설령 상대에게 마크당하고 있더라
도 상대가 달려들 수 없는 장소에
정확히 공을 멈추면 자유로운 상
태가 될 수 있다. 장소, 즉 공간은
그다지 필요하지 않다

❸ 뒤로 옮긴다

❹ 왼발의 앞에 둔다

발을 공에 접촉시킨
채 디딤발의 뒤쪽으
로 옮긴다

접촉하고 있는 발의 감각
으로 공의 위치를 조절한
다. 살짝 눌러서 왼발의
앞에 둔다

'공을 멈추는 방법'의 정리

⚽ 공의 중심보다 위쪽을 터치한다

⚽ 인사이드로 멈출 때는 엄지발가락의 밑동으로 터치하는 것이 바람직하다

⚽ 아웃사이드로 멈출 때는 새끼발가락의 밑동으로 터치하는 것이 바람직하다

⚽ 점을 정확히 터치할 수 있도록 무릎과 고관절로 조정한다

⚽ 공을 멈춤으로써 '지금 해야 할 플레이'를 할 수 있다

공을 차는 방법

발의 어떤 부분으로 공의 '점'을 차야 할까?
이것만 파악하면 공은 의도한 대로 정확하게 굴러가지만,
프로 선수도 의외로 항상 정확하게 공을 차지는 못한다.
공을 차는 자신만의 '장소'를 찾아내는 방법을 설명한다.

반발력이 있는 발꿈치와 가까운 부분을 사용한다

킥에는 개인차가 있다. 체격이나 다리의 형태 등에 개인차가 있기 때문인데, 인사이드 킥의 경우는 그다지 큰 차이가 없다.

나는 발꿈치와 가까운 부분으로 공을 때려서 찬다. 이 포인트로 차면 공에 힘을 전달하기가 쉽기 때문이다. 공을 차면 반작용이 일어난다. 가령 발끝과 가까운 부분으로 공을 차 보면 강하게 찰수록 공에서 발로 힘이 가해짐을 느낄 수 있다. 인사이드의 발가락과 가까운 부분으로 차는 경우 공의 힘에 밀려 발가락이 움직이는데, 이래서는 공에 힘이 실리지 않을 뿐만 아니라 발이 움직일 수 있어 정확도도 떨어진다.

인사이드 · 똑바로 차는 방법

❶
공 옆에 발을
디딘다

공 옆에 디딤발을
디딘다

❷
공의 중심을 본다

인사이드로 공의
중심을 때린다

한편 발꿈치와 가까운 부분은 다리의 바로 아래에 위치하고 있기 때문에 공의 반작용을 받아도 움직이지 않는다. 그만큼 안정적인 임팩트가 가능하기 때문에 공에 힘을 더 많이 전달할 수 있다.

똑같은 힘을 사용하더라도 힘을 더 많이 전달할 수 있기 때문에 패스 속도도 빨라진다. 요컨대 작은 동작으로 더 빠른 패스를 할 수 있다.

공의 중심을 때려서 찬다. 공의 중심을 차면 회전이 그다지 걸리지 않기 때문에 이것이 공을 차는 기준이 되어야 한다.

투시도

복사뼈 아래나 발꿈치로 공의 중심을 차면 힘을 전달하기가 쉽다

❸ 발꿈치 근처로 찬다

발꿈치와 가까운 부분으로 차면 힘을 전달하기가 쉽다

위에서 본 그림

공의 중심을 정확히 때리는 것이 중요하다

둘째발가락의 뿌리 부분으로 때린다

킥에는 개인차가 있다. 인스텝 킥은 사람에 따라 차는 방식이 다르다. 자신에게 맞는 킥 방식을 찾아내는 수밖에 없는데, 어떤 방식으로 차든 포인트는 똑같다. 공의 중심을 찰 것. 그리고 다리를 크게 휘두를 것. 이 두 가지가 포인트다.

공의 중심을 차지 않으면 공은 똑바로 날아가지 않는다. 킥을 할 때 가장 중요한 점은 '공의 중심을 아는 것'이다. 공의 중심을 찰 수 있다면

① 상체를 사용한다

인스텝

공을 차는 방법

상체를 크게 사용한다

② 공 옆에 디딤발을 내디딘다

발을 내디디는 위치에는 개인차가 있다. 다리를 크게 휘두르는 것이 포인트다

공을 때리는 장소

내 경우는 둘째발가락의 뿌리 부분이지만, 공을 때리는 장소에는 개인차가 있다

반대로 중심을 피해서 차는 방법도 알게 된다. 공의 중심을 모르면 공이 똑바로 날아가게 차거나, 휘어지며 날아가도록 차지 못한다. 요컨대 원하는 곳으로 공을 보내지 못하는 것이다.

다리를 크게 휘두른다는 것은 '자신의 몸을 아는 것'이다. 공을 더 먼 곳으로 더 강하게 차려면, 몸의 힘을 공에 효율적으로 전달해야 한다. 무릎 아래쪽만 휘둘러서 찰 수도 있기는 하지만, 공에 힘을 최대한으로 싣기 위해서는 다리 전체를 사용하는 편이 유리하다. 또한 다리 전체를 사용해서 휘두르기 위해서는 상체의 움직임도 중요하다.

자신에게 맞는 킥의 방식을 찾아내기 위한 방법으로서, 공을 바로 아래에 놓고 디딤발(오른발로 찬다면 왼발)을 움직이지 않은 채로 차 볼 것을 권한다. 디딤발을 내딛지 않고 차는 발만 움직여서 차기 때문에 공이 좀처럼 멀리 날아가지 않는다. 공의 중심을 때리지 않으면 10미터도 날아가지 않을 것이다. 공의 중심을 차려면 발의 어떤 부분을 사용해야 할지 찾아보자. 그런 다음 그 부분으로 공을 차려면 디딤발과 공의 거리를 얼마나 떨어트려야 할지, 다리를 크게 휘두르려면 디딤발을 어디에 둬야 할지, 힘을 낭비 없이 공에 전달하려면 상반신을 어떻게 사용해야 할지 궁리해 보자. 디딤발을 움직이지 않고 공

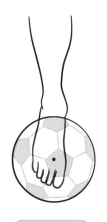

투시도

둘째발가락의 뿌리 부분으로 공의 중심을 때린다

❸
다리를 크게 휘두른다

상체를 사용하면 킥 동작에 시간이 많이 걸릴 것 같겠지만, 실제로는 그다지 큰 차이가 나지 않는다

❹
중심을 찬다

인스텝으로 공의 중심을 찬다

을 차 보면 자신에게 맞는 킥의 형태를 찾기가 수월해 진다.

내 경우는 둘째발가락의 뿌리 부분으로 공의 중심을 찬다. 다만 이것은 사람마다 다를 수 있다. 공의 중심을 때린다. 다리를 크게 휘둘러서 공에 힘을 전달한다. 이 두 가지를 충족시킬 수 있다면 공이 똑바로 날아가는, 무회전에 가까운 킥을 할 수 있을 것이다.

인프런트를
사용해
왼쪽으로 찬다

① 공 옆에 디딤발을 내디딘다

발을 내디디는 위치
와 공을 차는 자세는
인스텝과 같다

② 인프런트 킥

왼쪽 방향으로 찰 때
는 인프런트 킥을 사
용한다

공을 차는 방법 │인프런트│

공이 똑바로 날아가도록 찰 수 있다면 같은 폼에서 좌우로 찰 수도 있다. 오른발을 사용해 왼쪽 방향으로 차는 경우, 공의 중심보다 오른쪽을 차면 공은 왼쪽 방향으로 날아간다. 오른쪽 방향으로 차는 경우에는 공의 중심보다 왼쪽을 차면 된다.

오른발을 사용해서 왼쪽 방향으로 찰 때는 인스텝이 아니라 약간 안쪽, 즉 인프런트를 사용해서 차면 된다. 오른쪽 방향으로 찰 때는 발의 아웃사이드를 사용한다.

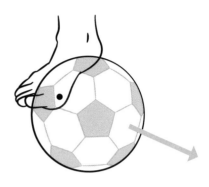

투시도

엄지발가락 뿌리 부분으로 공의 중심으로부터 오른쪽을 찬다

❸

왼쪽 방향으로 공을 날린다

공의 중심으로부터 오른쪽을 때리면 공은 왼쪽 방향으로 날아간다

아웃사이드를 사용해서 오른쪽으로 찬다

발로 때리는 공의 점, 공을 때리는 발의 점을 바꾸면 같은 위치에 놓여 있는 공을 같은 자세로 차면서도 공이 날아가는 방향을 바꿀 수 있다.

디딤발과 공의 위치 관계는 똑바로 날아가도록 찰 때와 같다. 그곳이 가장 다리를 크게 휘두를 수 있는 장소이기 때문이다. 그 다음에는 공의 중심으로부터 살짝 왼쪽 혹은 살짝 오른쪽의 포인트를 차면 된다.

투시도

새끼발가락의 뿌리 부분으로 공의 중심으로부터 왼쪽을 찬다

공을 차는 방법 ─ 아웃사이드

❶ 디딤발을 내디딘다

발을 내디디는 위치와 자세는 인스텝, 인프런트와 동일하다

❷ 아웃사이드 킥

발의 아웃사이드로 공의 중심으로부터 왼쪽을 찬다

축구 실력을 향상시키는 가자마의 조언 5

"발밑으로 보내는 패스가 가장 빠르다."

공간으로 보내는 패스의 경우, 선수가 달리는 속도보다 느리게 찰 수밖에 없다. 한편 발밑에서 발밑으로 연결시키는 패스의 경우에는 얼마든지 빠른 속도로 찰 수 있으며, 그 결과 더 빠른 축구를 할 수 있다

❸
오른쪽 방향으로 공을 날린다

공의 중심보다 아래를 찬다

공을 떠우고 싶을 때는 공의 중심보다 아래를 차면 공이 위를 향해 날아간다.

멀리 날리고 싶을 때 몸을 뒤쪽으로 기울이면서 차는 모습을 흔히 볼 수 있다. 발끝을 공의 아랫부분에 집어넣기 쉬워지므로 공을 떠운다는 측면에서는 이치에 맞는 자세이지만, 이렇게 차면 공이 위로 뜰 뿐 그다지 멀리 날아가지 못한다.

공을 최대한 먼 곳으로 보내려면 45도 정도의 각도로 떠오른 뒤 같은 각도로 낙하하도록 차야 한다. 공의 무게가 있기 때문에 정확히 이런 포물선을 그리면서 날아가지는 않지만, 너무 위로 차올리면 비거리가 늘어나지 않는다.

디딤발의 위치는 인스텝 킥을 찰 때와 같다. 그곳이 가장 공에 힘이

공의 중심보다 아래를
차면 공은 위를 향해서
날아간다

실리도록 다리를 휘두를 수 있는 위치이기 때문이다. 그러므로 공을 떠우고 싶을 때도 디딤발의 위치나 공을 차는 자세를 바꿀 필요는 없다. 그저 공의 중심보다 아래를 차면 된다.

공이 똑바로 날아가도록 차든, 왼쪽 혹은 오른쪽 방향으로 날아가도록 차든, 공이 떠서 날아가도록 차든, 자신과 공의 위치 관계나 킥의 자세는 기본적으로 같다. 발로 때리는 공의 포인트가 달라질 뿐이다. 발로 때리는 위치가 다르기 때문에 실제로는 자세도 약간 달라질지 모르지만, 차는 방식을 크게 바꿀 필요는 없다.

공의 중심, 또는 중심으로부터 약간 오른쪽이나 왼쪽, 혹은 중심으로부터 아래를 찬다는 차이가 있을 뿐이라고 생각하기 바란다.

에두의
'발주먹' 킥

킥에는 그 사람의 개성이 드러난다. 특이한 방식으로 공을 차는 대표적인 사례로 에두의 킥을 소개하겠다. 에두는 지쿠의 친형으로, 브라질 국가대표 선수로도 활약했다. 그는 프리킥의 명수였는데, 이때 공을 차는 방법이 상당히 특이했다. 발가락을 구부려서 주먹처럼 쥐면서 그 부분으로 공을 지르듯이 찼다고 한다.

일종의 토킥인데, 이 방법으로 강렬한 슛을 날릴 수 있었다고 한다. 직접 본 적은 없지만, 그렇게 해서 공의 중심을 강하게 차면 무회전 상태로 날아가다 급격하게 떨어지는 궤도를 그리지 않을까 싶다. 발가락은 아플 것 같지만….

발가락을 굽혀서 주먹처럼 쥔 다음 공을 지르듯이 찬다

무릎을 올려서
지면과 평행하게
휘두른다

1
무릎을 올린다

무릎을 올린 상태로
공을 맞이한다

2
다리를 지면과
평행하게 휘두른다

다리를 지면과 평행하게
휘두른다

공을 차는 방법   발리킥

공중에 떠 있는 공을 차는 발리킥의 포인트는 공을 위로 차올리지 않는 것이다. 공의 아랫부분을 때리는 실수를 저지를 확률이 높아지기 때문이다. 공의 중심 혹은 중심으로부터 약간 위를 때린다고 생각하면 된다.

발리킥을 할 때 공의 중심을 차려면, 즉 공을 위로 차올리지 않기 위해서는 다리를 지면과 평행하게 휘둘러야 한다. 자신은 다리를 지면과 평행하게 휘두른다고 생각하지만 실제로는 아래에서 위로 휘두르는 경우가 많기 때문에 공의 아랫부분을 차는 실수를 저지르기 쉽다.

다리를 지면과 평행하게 휘두르려면 먼저 무릎을 올린 상태에서 다리를 휘둘러야 한다. 몸이 경직되어 지면과 평행하게 휘두를 수 없을 때는 몸을 살짝 기울여서 조정한다.

❸
중심을 찬다

공의 중심을 때린다. 힘은 필요하지 않기 때문에 정확한 임팩트에 집중한다

'공을 차는 방법'의 정리

⚽ 공의 중심을 아는 것이 가장 중요하다

⚽ 인사이드 킥의 경우는 발꿈치와 가까운 부분으로 찬다

⚽ 인스텝 킥의 경우는 둘째발가락의 뿌리 부분으로 찬다

⚽ 인프런트 킥이든, 아웃사이드 킥이든, 롱킥이든, 자세와 디딤발의 위치는 인스텝 킥과 같다. 발로 차는 공의 '점'을 다르게 할 뿐이다

CHAPTER

—③—

공을 드리블하는 방법

드리블로 돌파할 때 중요한 것은 상대의 '무게중심'이다.
그 무게중심을 역이용하면 되는데,
현실에서는 공만 쳐다보기 쉽다.
어떻게 하면 상대의 '무게중심'을 볼 수 있는지 설명한다.

다리의 뒤쪽 근육을 사용한다

공을 드리블할 때의 기본은 최단 거리를 가장 빠른 속도로 나아가는 것이다. 자신은 직선으로 움직인다고 생각하지만 실제로는 좌우로 어긋나게 움직이는 경우가 의외로 많다. 또한 일직선으로 움직이기 위한 힘을 효율적으로 사용하지 못하는 경우도 많다.

공과 함께 움직이기에 앞서, 몸을 사용하는 방법을 먼저 익히자.

일직선으로 움직이는 것이 중요한 이유는 그것이 최단 거리이고 가장 빠르기 때문인데, 의외로 제동을 걸면서 달리는 경우가 많다. 다리의 앞쪽 근육을 사용하면 제동이 걸리기 때문이다.

앞쪽의 근육은 멈추는 움직임에 사용

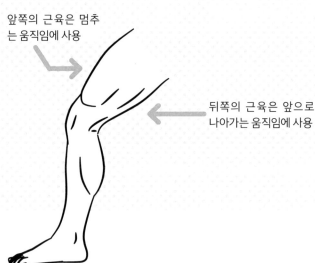

뒤쪽의 근육은 앞으로 나아가는 움직임에 사용

다리의 앞쪽 근육은 멈추기 위한 움직임에 사용되는 경우가 많으며, 앞으로 나아갈 때는 주로 다리의 뒤쪽 근육을 사용한다. 뒤쪽 근육을 사용해서 앞으로 나아가는 감각을 파악하고 싶다면 누군가가 등을 밀어 주는 상태에서 똑바로 달려 보기 바란다. 다리의 앞쪽 근육을 사용하고 있다면 분명히 뒤에서 밀어 줄 때 제동을 걸고 있다는 느낌을 받을 것이다. 등을 밀어 주는 상태에서 달리면 다리의 앞쪽 근육이 아니라 뒤쪽 근육을 사용해서 앞으로 나아가는 감각을 파악하기가 쉬워진다.

일직선으로 나아간다

일직선으로 나아가기 위해
다리의 뒤쪽 근육을 사용한다

이곳을 사용한다

요령을 익히는 방법

누군가에게 등을 밀어 달
라고 부탁하면 다리의 뒤
쪽 근육을 사용하는 감각
을 익힐 수 있다

몸의 움직임에
공이 따라오도록
드리블한다

일직선으로 달리는 요령을 익혔다면 공과 함께 일직선으로 움직여 보자.

공을 쫓아가는 것이 아니라 공이 몸을 따라오도록 움직이기 바란다. 빠르게 달리려고 하면 자신도 모르게 공을 앞으로 보내고 쫓아가게 되는데, 이렇게 하면 공이 몸으로부터 떨어진다.

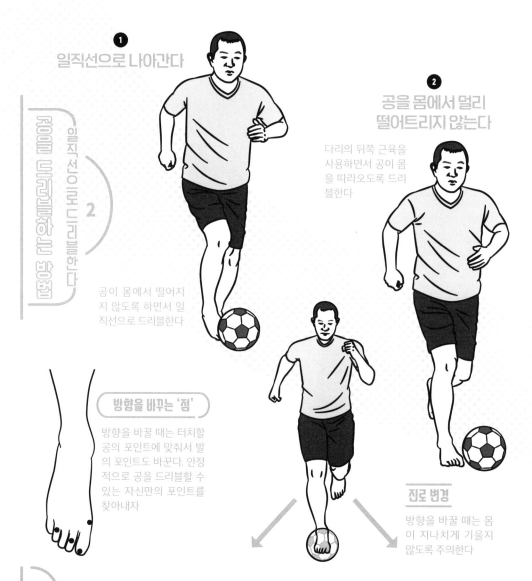

1 일직선으로 나아간다

공이 몸에서 떨어지지 않도록 하면서 일직선으로 드리블한다

2 공을 몸에서 멀리 떨어트리지 않는다

다리의 뒤쪽 근육을 사용하면서 공이 몸을 따라오도록 드리블한다

몸과 함께 드리블해서 50m를 달린다

일직선으로 드리블한다

2

방향을 바꾸는 '점'

방향을 바꿀 때는 터치할 공의 포인트에 맞춰서 발의 포인트도 바꾼다. 안정적으로 공을 드리블할 수 있는 자신만의 포인트를 찾아내자

진로 변경

방향을 바꿀 때는 몸이 지나치게 기울지 않도록 주의한다

다리의 뒤쪽 근육을 의식하면서(앞쪽 근육을 써서 제동을 걸지 않도록) 공과 함께 움직이기 바란다.

다음에는 공과 함께 방향을 바꿔 보자. 방향을 바꿀 때 몸이 지나치게 기울어 움직임에 낭비가 커지지 않도록 주의한다. 공 없이 반복 옆뛰기를 해 보면 방향을 바꿀 때 몸을 어떻게 써야 하는지 파악하기가 쉬워질지도 모른다. 반복 옆뛰기를 할 때, 오른쪽 방향으로 움직이려고 하면 왼발로 땅을 차면서 오른쪽으로 움직이려고 한다. 그러나 사실 오른쪽으로 움직일 때 힘을 써야 하는 쪽은 오른발이다.

발의 어떤 부분으로 공을 터치해야 할까? 대개 몇 개의 포

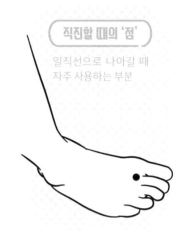

직진할 때의 '점'

일직선으로 나아갈 때 자주 사용하는 부분

❸ 항상 공과 함께 움직인다

다리의 앞쪽 근육으로 제동을 걸지 않도록 하면서 공과 함께 전진한다

인트를 사용해서 터치할 것이다. 내 경우, 일직선으로 운반할 때는 엄지발가락과 둘째발가락 사이의 점으로 터치하는 일이 많은 것 같다. 실제로 플레이를 할 때는 축구화를 신고 있기 때문에 지금까지 그렇게 의식한 적은 없지만, 저마다 안정적인 포인트가 있으니 찾아보기 바란다.

그 밖에도 넷째발가락과 새끼발가락 사이, 엄지발가락 등 몇 개의 포인트를 사용해서 공을 터치할 수 있다. 방향을 바꿀 때는 터치할 공의 포인트에 맞춰서 발의 포인트를 바꾼다.

상대의
무릎을 본다

왼쪽으로 돌파한다

드리블 중에 상대와 대면했을 때, 주시해야 할 곳은 주로 '무릎'이다. 상대가 어느 쪽으로 움직이려 하는지는 상대의 무릎이 가르쳐주기 때문이다. 그것을 보고 반대 방향으로 공을 운반하면 상대는 빠르게 발을 내밀지 못한다.

대면한 상대의 양 무릎 중 어느 쪽에도 체중이 실려 있지 않을 때는 어느 방향으로 공을 드리블해도 상관

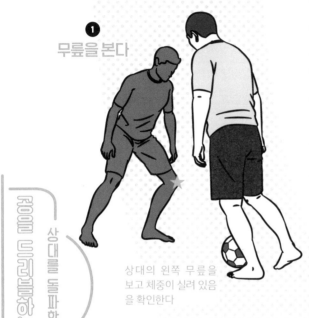

①
무릎을 본다

상대의 왼쪽 무릎을 보고 체중이 실려 있음을 확인한다

공을 드리블하는 방법 ／ 상대를 돌파한다

②
무게중심의 역방향으로

상대의 오른발 방향으로 공을 몰고 간다

없다는 뜻이다. 체중이 확실히 실려 있어서 무릎을 더 구부리고 있는 경우에는 반대 방향이 아니라 체중이 실려 있는 무릎 쪽으로 공을 몰고 가더라도 상대가 발을 내밀지 못한다. 다리에 체중이 완전히 실려 있어서 일단 반대쪽으로 무게중심을 옮겨야 발을 움직일 수 있기 때문이다.

대면했을 때 상대가 움직이고 있다면 무릎을 보고 역방향으로 움직이자. 상대가 멈춰 있을 경우, 갑

오른쪽으로 돌파한다

① **무릎을 본다**

상대가 오른쪽 무릎을 굽힌 채 체중을 싣고 있다

② **무게중심의 역방향으로**

반대 방향으로 공을 몰고 간다

③ **돌파한다**

옆을 지나가도 상대는 빠르게 발을 내밀지 못한다

자기 상대를 향해서 살짝 움직이면 상대는 이에 대응 태세를 갖추느라 다리를 모으는 경향이 있다. 이때는 어느 쪽으로든 공을 드리블할 수 있는 상태가 된다.

상대의 체중이 어느 쪽 발에 실려 있는지 민감하게 감지해 낼 수 있다면 상대가 조금이라도 움직이려고 하는 순간에 역방향으로 움직일 수 있을 것이다.

상대 세 명을 제압한다

세 명을 상대로 공을 지킬 경우의 한 가지 예다. 상대가 오른쪽, 왼쪽, 정면에서 공을 빼앗으려 하고 있다.

먼저 왼쪽과 오른쪽의 상대로부터 공을 지킬 필요가 있다. 이때 나는 왼발을 왼쪽에 있는 상대의 오른발에 붙인다. 그리고 동시에 오른손을 오른쪽에 있는 상대의 넓적다리에 댄다. 이렇게 해서 두 명의 위치와 움직임을 파악한다.

그다음에는 정면에 있는 상대의 무릎을 보고 상대가 반응하기 어려운 방향으로 공을 드리블한다.

자신의 손과 발을 센서로 사용할 수도 있음을 보여주는 예다.

①
두 명을 제압한다

먼저 왼발을 왼쪽에 있는 상대의
오른발에 붙이고, 오른손을 오른쪽
에 있는 상대의 왼쪽 다리에 댄다.

❷
정면의 상대를 공략한다

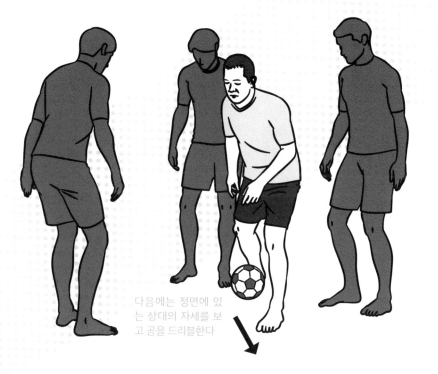

다음에는 정면에 있
는 상대의 자세를 보
고 공을 드리블한다

축구 실력을 향상시키는 가자마의 조언 6

"등을 보이도록 만든다."

패스를 할 때 수비수가 등을 보
이는 상태를 만들면, 수비수에
게는 공이 보이지 않기 때문에
바로 옆을 통과하는 패스도 성
공시킬 수 있다

① 자연스럽게 공을 드리블한다

② 왼발로 끌어당긴다

왼발바닥으로 공을
살짝 끌어당긴다

끌어당겼다가
디딤발을 사용해
앞으로 드리블한다

몰고 가면서 발바닥으로 공을
끌어당기고, 동시에 다른 쪽 발을
사용해 공을 앞으로 드리블한다.

공을 끌어당긴 쪽 발이 착지하
기 전에 디딤발을 사용해 공을 앞
으로 민다. 리듬이 살짝 변화하기
때문에 함께 달리고 있던 상대를
떼어낼 때 사용할 수 있다.

"자신을 포함시킨다."

수적으로 불리하다거나 같은 수라고 표현할 때를 보면 '자신'을 포함시키지 않는 경우가 많다. 패스를 한 뒤에 합류하는 것을 원칙으로 삼고 행동하면 동료와 상대가 1 대 1의 상황이라도 순간적으로는 2 대 1이 되기 때문에, 이것을 반복하면 상대를 무너뜨릴 수 있다

❸
디딤발로 민다

끌어당기는 동시에
오른발로 민다

❹
왼발로 터치한다

앞으로 나온 공을
왼발로 터치한다

CHAPTER ③

①
오른쪽인 것처럼 보이게 한다

오른발 아웃사이드로
공의 위를 터치한다

아웃사이드로
터치하다
반대 방향으로
드리블한다

오른발의 아웃사이드로 공을 터치한다. 상대는 당연히 오른쪽 방향(상대가 봤을 때는 왼쪽 방향)으로 공을 드리블할 거라고 생각할 때 아웃사이드로 위에서 공을 바닥에 누르듯이 터치하고 그대로 발목을 꺾어서 왼쪽 방향으로 공을 드리블한다.

축구 실력을 향상시키는 가자마의 조언 8

"눈을 일치시킨다."

패스를 보내는 쪽과 받는 쪽이 의도를 일치
시킨다는 뜻이다. 받는 쪽이 받고 싶어 하는
타이밍과 장소를 보내는 쪽이 이해하고 있
거나, 보내는 쪽이 노리고 있는 장소를 받는
쪽이 이해하고 있는 상태를 가리킨다

②

왼쪽으로 공을 움직인 뒤

③

왼쪽으로 공을 드리블한다

공을 누르듯이 터치해
서 붙잡아 놓고 왼쪽 방
향으로 움직인다

공을 끌어당겨서 몸 뒤에 숨긴다

드리블을 하면서 발바닥으로 공을 밟고, 그 상태에서 다른 쪽 발을 앞으로 내디딘다. 몸은 앞으로 가지만 공 위에 올려놓은 발은 그대로다. 그런 다음 상대의 반응을 보면서 돌파할 방향으로 공을 드리블한다.

공을 밟고 지나가는 것이기 때문에, 공과 접촉하고 있는 발을 공에서 떼지 않도록 주의해야 한다. 접촉면은 발바닥에서 발끝 또는 발등으로 이동하지만, 어딘가가 접촉한 상태를 유지하는 것이 핵심이다. 그런 다음 이 상태에서 좌우로 공을 움직일 때 인사이드와 아웃사이드를 상황에 맞춰 사용하는데, 이것도 조금 어려울지 모른다.

①
공을 드리블한다

②
공을 밟는다

오른발바닥으로
공을 밟는다

상대와의 거리가 조금 많이 가까워
졌을 때 이 방법을 사용하면 상대는 시
선에서 공이 사라지기 때문에 태클을
할 수가 없다. 공과의 사이에 이쪽의 몸
이 있기 때문에 왼쪽 혹은 오른쪽으로
돌아 들어가려고 할 텐데, 이때 상대의
움직임을 역이용해서 공을 드리블한다.

상대가 다가와도 공을 숨기
면서 상대의 자세를 보고 움
직임을 역이용한다

❸ 감춘다

왼발을 앞으로 내디딘다. 오른발은
계속 공에 접촉시킨다

❹ 역방향으로 움직인다

오른발의 아웃사이드 혹은 인사이드를
사용해 상대의 역방향으로 움직인다

상대를 등지고 공을 컨트롤하다 순간적으로 앞을 향한다

왼쪽 아래의 그림은 가장 공을 빼앗기기 쉬운 상황 중 하나다. 상대가 등 뒤에서 다가오고 있을 때 공을 주시하고 있으면 상대를 볼 수가 없다. 그렇다고 상대를 확인하려다 보면 공의 위치를 놓치게 된다. 공이 있는 장소와 상대가 있는 장소가 반대라서 양쪽을 볼 수 없다는 것이 문제의 원인이다.

먼저, 조금이라도 비스듬하게 선다. 상대가 완전히 등 뒤에 있으면 전혀 보이지 않지만, 각도를 조금 바꾸면 어깨 너머로라도 상대를 볼 수 있다. 다음은 공을 어떻게 멈출 것이냐인데, 이때는 공을 상대로

① 공을 숨긴다

② 왼발을 앞으로 내디딘다

오른발 터치로 왼발 쪽에 공을 두면서 숨긴다

왼발을 공의 옆을 지나 앞으로 내디딘다

가장 공을 빼앗기기 쉬운 상황

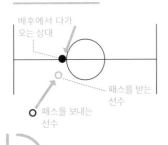

배후에서 다가오는 상대

패스를 받는 선수

패스를 보내는 선수

부터 지키기만 하는 것이 아니라 순간적으로 앞을 향해 정면으로 마주하는 방법을 사용한다. 퍼스트 터치로 상대에게서 공을 감추는 것이 포인트다. 여기에서는 오른발로 공을 멈췄지만, 멈추는 장소는 왼발 앞쪽이다. 이곳에 공을 두면 상대에게는 공이 잘 보이지 않는다.

공이 보이지 않는 상대는 그대로 몸을 부딪치면 파울이 되기 때문에 일단 멈추는데, 바로 이 순간에 앞을 향한다. 공을 감췄으면 왼발을 대각선 오른쪽으로 이동시키고 시계 방향으로 반 바퀴 회전하면서 오른발을 뺀다. 이 턴을 순간적으로 하면서 상대와 정면으로 마주한다.

공을 정확하게 숨긴 뒤의 스텝워크가 어렵지만, 어려운 상황을 일순간에 바꿔 놓을 수 있으니 도전해 보기 바란다.

❸ 오른발을 뒤로 뺀다   **❹ 상대와 정면으로 마주한다**   **❺ 역방향으로 움직인다**

오른발을 뒤쪽으로
빼듯이 스텝을 밟는다

상대가 멈춘 순간에
앞을 향한다

상대의 움직임을 역이용해서
공을 드리블한다

'공을 드리블하는 방법'의 정리

⚽ '공을 드리블하는' 기본은 최단 거리를 가장 빠른 속도로 나아가는 것이다

⚽ 앞으로 나아갈 때는 다리의 뒤쪽 근육을 사용한다

⚽ 일직선으로 공을 드리블할 때는 엄지발가락과 둘째발가락 사이의 점으로 공을 터치한다

⚽ 공이 몸에서 떨어지지 않도록, 공을 쫓아가는 것이 아니라 공이 몸을 따라오도록 드리블한다

⚽ 드리블을 할 때는 상대의 무릎을 보고 무게 중심을 읽는다

CHAPTER

4

패스를 하는 방법

패스를 하려면 동료가 아니라 상대의 화살표를 봐야 한다.
그런 다음 패스를 보내는 쪽과 받는 쪽의 '타이밍'을 맞추면
설령 공간이 없더라도 패스가 연결된다.
상대의 화살표를 피해서 패스를 연결시키는 방법을 설명한다.

동료보다 상대를 주시한다

무게중심을 보는다

패스를 하는 방법

패스를 할 때의 원리도 공을 '드리블할' 때와 같다. 상대의 무릎을 보면 된다. 구체적인 이미지를 위해 상황을 설정해 보자(오른쪽 페이지의 왼쪽 위 그림). 지금 공을 가지고 있는 동료 A로부터 패스를 받으려 하고 있다. 이때 오른쪽 전방에는 동료 B와 수비수가 있는데, 동료인 B에게 패스를 하려고 한다. 다르게 표현하면, B의 근처에 있는 상대 수비수를 '처리해야' 패스를 성공시킬 수 있다.

먼저 '언제' 판단을 해야 할까? 공이 동료 A를 떠나서 자신에게 도착하기까지의 사이다. 물론 그전에도 상황을 보고는 있지만, 최종적인 판단은 이 패스가 자신에게 도착하기까지의 사이에 하게 된다. 공이 A를 떠나서 자신에게 도착하기 전까지, 공은 누구의 것도 아닌 상태다. 요컨대 이 시간 동안은 상황이 거의 바뀌지 않는다. 만약 이때 상황이 달라진다면 더 빨리 판단을 할 수 있는데, 이것은 뒤에서 다시 설명하겠다.

동료 A가 자신을 향해서 공을 찬 뒤 공이 도착하기 전까지 상황을 확인한다. 그렇다면 이때 무엇을 보고 판단을 해야 할까? 동료 B보다는 오히려 B의 근처에 있는 수비수를 봐야 한다. 그중에서도 수비수의 '무릎'을 주시한다. 공을 드리블하다가 상대와 대치했을 때와 마찬가지다. 이 상황에서 수비수의 무릎이 어떤 상태인지를 보면 무게중심이 어디에 있는지 알 수 있다. 이때 예상할 수 있는 상황은 세 가지다.

① 수비수가 어느 쪽 무릎도 굽히고 있지 않았다. 즉, 무게중심을 이동시키지 않았다

② 수비수가 오른쪽 무릎을 굽히고 있다. 즉, 오른발 쪽에 무게중심이 있다

③ 수비수가 왼쪽 무릎을 굽히고 있다. 즉, 왼발 쪽에 무게중심이 있다

만약 무게중심이 이동하지 않은 ①의 상태라면 동료 B의 위치에 따라서 원터치 패스로 공을 보낼 수 있다. 수비수는 소위 멍하니 서 있는 상태이므로 패스 속도가 너무 느리지만 않다면 수비수가 반응하기 전에 패스를 통과시킬 수 있을 것이다.

오른발에 무게중심이 있는 ②의 상태라면 더더욱 패스를 통과시키기 쉬운 상황이라고 할 수 있다.

② 수비수의 오른발 쪽에 무게중심이 있다　③ 수비수의 왼발 쪽에 무게중심이 있다

　　한편 수비수가 왼쪽, 즉 동료 B를 향해 움직이려 하고 있는 ③의 상태라면 동료 B에게 보내는 패스가
차단될 위험이 있다. 이 경우는 일단 공을 멈추고 수비수가 B를 향해 움직이기를 기다린 다음 수비수
의 오른발 쪽으로 패스를 통과시킨다.

　　패스가 성공할지 실패할지는 동료보다 수비수의 움직임(무게중심의 위치)에 달려 있기 때문에 동료보
다 오히려 상대를 봐야 한다.

　　동료 A로부터 자신에게 공이 도착하는 동안 이미 상대 수비수가 움직이고 있다면 판단은 더욱 간단
해진다. 동료 B에게 패스할 것을 예측하고 상대가 움직이고 있다면 수비수의 오른쪽 코스가 비어 있다
는 뜻이므로 공을 멈추지 않고 즉시 원터치로 패스한다.

상대의 무릎을 보는 이유는 상대의 움직임을 감지하기 위해서이다. 다만 나는 현역 선수 시절에 상대의 '발목'을 봤다. 상대의 어디를 보느냐는 정보를 얻기 위한 수단에 불과하기 때문에 꼭 이곳을 봐야 한다는 원칙은 없다. 다만 발목보다는 무릎을 보는 편이 움직임을 감지하기 쉬울 것이다.

무릎을 볼 필요도 없이 이미 상대가 움직이고 있을 때도 있다. 상대의 움직임의 방향성이 이미 명확히 드러난, 다시 말해 '화살표'가 나타난 상태다.

상대의 화살표가 나타났을 경우, 그 화살표의 반대쪽이나 살짝 벗어난 위치로 패스하면 공을 통과시킬 수 있다. 남은 문제는 그곳에 동료가 있느냐 없느냐다. 공을 통과시키더라도 공이 가는 곳에 동료가 없다면 패스는 연결되지 않는다. 그러므로 동료도 봐야 하지만, 일단은 상대를 주시한다. 동료의 위치나 움직임만 보고 패스한다면 상대가 그곳에 있을 경우 패스가 차단되고 만다. 그렇기 때문에 먼저 상대를 보고 그다음에 동료를 봐야 하는 것이다.

상대의 화살표가 명확히 나타난 예시를 통해 설명하겠다(오른쪽 페이지의 그림). 오른쪽 측면에서 크로스를 보내려고 한다. 중앙에는 수비수와 동료 포워드가 각각 두 명씩 있다.

①과 같이 상대 수비수가 전속력으로 골대를 향해 돌아가고 있을 경우에는 화살표의 방향을 쉽게 알 수 있다. 골문을 향해 화살표가 명확하게 나타난 사례다. 이때는 화살표와 반대쪽 장소로 크로스를 보내면 수비수가 크로스를 차단하지 못한다.

②와 같이 수비수의 화살표가 골문 방향으로 명확하게 나타나지 않았을 경우에는 수비수와 골키퍼 사이의 공간으로 크로스를 보낸다. 수비수가 멈춰 있거나 천천히 돌아가고 있는 등 화살표가 명확하게 나타나지 않았을 때는 화살표 앞쪽으로 크로스를 하면 공을 통과시킬 수 있다.

크로스를 보내는 쪽과 받는 쪽의 의도가 일치하지 않으면 패스는 성공하지 못한다. 보내는 쪽과 받는 쪽이 의도를 일치시키는 열쇠는 자신들이 아니라 수비수다. 수비수에게서 화살표가 나타났는가, 나타나지 않았는가? 나타났다면 얼마나 명확한가? 이것을 보내는 쪽과 받는 쪽이 공유하고 있다면 보내는 쪽은 어디로 크로스를 보내야 할지, 받는 쪽은 어디로 움직여야 할지 알 수 있다.

공이 어디로 올지 알고 있다면 받는 쪽은 아슬아슬한 타이밍까지 수비수의 등 뒤에 숨어 있어야 한

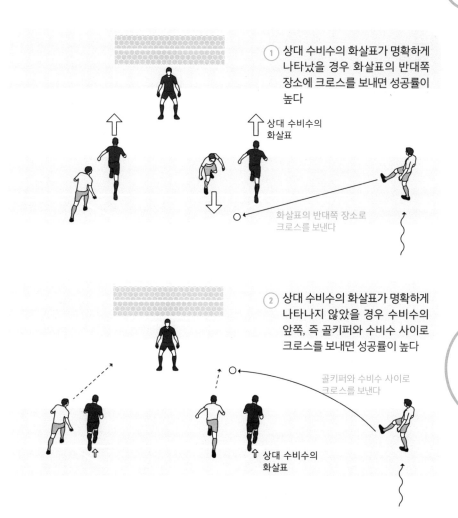

① 상대 수비수의 화살표가 명확하게
나타났을 경우 화살표의 반대쪽
장소에 크로스를 보내면 성공률이
높다

↑ 상대 수비수의
화살표

화살표의 반대쪽 장소로
크로스를 보낸다

② 상대 수비수의 화살표가 명확하게
나타나지 않았을 경우 수비수의
앞쪽, 즉 골키퍼와 수비수 사이로
크로스를 보내면 성공률이 높다

골키퍼와 수비수 사이로
크로스를 보낸다

↑ 상대 수비수의
화살표

다. 수비수의 시야에서 벗어나 있으면 움직임이 보
이지 않기 때문에 마크를 당하지 않는다. 그리고
크로스를 보내는 순간 수비수는 반드시 공을 보기
때문에 이 타이밍에 움직이면 자유로운 상태에서
패스를 받을 수 있다.

화살표를 정확히
보고 패스를 보
내는 쪽과 받는
쪽의 의도를
일치시키자!

상대의 화살표와 동료의 화살표가 겹치는 곳으로 패스를 하면 공을 받는 동료는 자유로워지지 못한다. 아래의 그림처럼 화살표가 겹치는 곳으로 패스를 하면 최악의 경우 패스를 차단당하며, 설령 패스가 성공하더라도 동료는 심한 마크를 당하는 상태에서 플레이를 해야 한다. 그러나 동료의 화살표가 거의 종료된 상태라면 상대의 화살표로부터 벗어난 곳으로 패스함으로써 상황을 타개할 수 있다.

동료가 이미 멈춰 있거나 멈추려 하고 있다. 그러나 상대의 화살표는 아직 명확하게 나타나 있다. 이럴 경우는 동료의 위치로부터 살짝 벗어난 장소

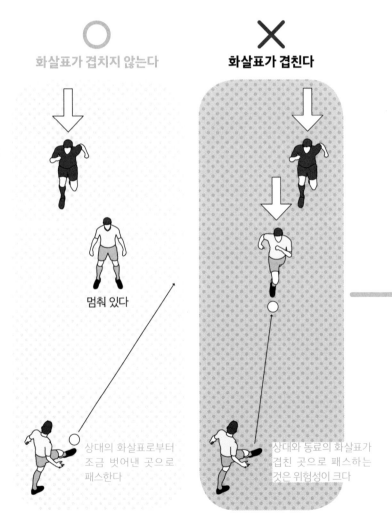

○
화살표가 겹치지 않는다

×
화살표가 겹친다

멈춰 있다

상대의 화살표로부터
조금 벗어낸 곳으로
패스한다

상대와 동료의 화살표가
겹친 곳으로 패스하는
것은 위험성이 크다

로 패스를 한다. 그러면 상대는 아직 화살표가 명확하게 나타난 상태이기 때문에 방향을 바꾸는 데 시간이 걸리지만, 동료는 거의 멈춘 상태이므로 먼저 공과 접촉할 수 있다.

이런 패스를 하려면 동료만 보고 있어서는 안 된다. 먼저 상대와 상대의 화살표를 확인해야 그 화살표로부터 벗어난 곳으로 패스를 할 수 있다. 상대의 화살표로부터 벗어난 곳에 패스를 하면 동료의 화살표와도 살짝 어긋나게 되지만, 패스 속도를 느리게 조절하면 동료에게 유리한 패스가 될 수 있다.

패스를 할 때는 먼저 상대를 본다. 상대를 보면 상대가 막을 수 없는 패스 코스가 보일 것이다. 만약 그곳에 공을 받을 동료가 없거나 그런 패스 코스가 보이지 않는다면 다른 장소를 찾는다. 이 전환도 재빨리 할 수 있도록 연습하자.

방향을 바꾸는 데
시간이 걸린다

패스 속도가 느리더라도 성공할 가능성이 크다

화살표가 명확하게 나타나 있었던 상대는 방향을 바꾸는 데 시간이 걸리기 때문에 동료가 먼저 공과 접촉할 수 있다

CHAPTER 4

'패스를 하는 방법'의 정리

⚽ 패스를 할 때는 동료보다 상대를 본다

⚽ 자신에게 공이 도착하는 동안 상대의 무릎을 보고 무게중심을 읽어내 패스 코스를 결정한다

⚽ 상대의 화살표가 나타나 있으면 화살표로부터 벗어난 곳이나 반대쪽으로 패스를 보낸다

⚽ 크로스를 할 때는 상대의 화살표를 보고 보내는 쪽과 받는 쪽의 의도를 일치시킨다

⚽ 수비수는 반드시 공을 보기 때문에 그 순간에 움직이면 자유로운 상태로 공을 받을 수 있다

CHAPTER

⑤

메시 해부 도감

'공을 멈추는 방법', '공을 차는 방법', '공을 드리블하는 방법'에 관한 최고의 교과서

'메시는 천재잖아? 절대 메시처럼은 될 수 없어'

정말로 그럴까? 메시와 똑같은 선수를 만드는 것은 무리이더라도

메시와 같은 기술을 갖춘 선수를 만드는 것은 가능하다.

모두가 메시를 지향하고 메시에게서 배워야 한다.

'공을 멈추는 방법', '공을 차는 방법', '공을 드리블하는 방법'에

관해서 메시보다 훌륭한 교과서는 없기 때문이다.

'경계선'이 없는 메시의 플레이

상대를 향해 전진한다→달려드는 상대를 제친다→그대로 드리블을 해서 다음 상대도 제친다가 일련의 플레이로 이어진다. 어떤 상황에서든 메시는 왼발 앞에 공을 두고 있기 때문에 즉시 다음 플레이를 할 수 있다. 항상 다음 플레이로 연결할 수 있는 위치에 공을 둔다

최고 기술의 결정체

—원래는 가자마 씨에게 선수들의 영상을 보여드리면서 공을 멈추고, 차고, 드리블하는 기술에 관해 해설해 달라는 부탁을 할 생각이었는데, 말씀을 드렸더니 "메시의 영상만 보면 됩니다"라고 해서 결국 메시의 축구 기술 이야기로 기획을 변경하게 되었습니다(웃음).

가자마 물론 기술이 뛰어난 선수는 많습니다. 하지만 '공을 멈추는 기술'에 관한 최고의 영상을 찾다 보면 결국은 메시의 영상으로 귀결됩니다. '공을 차는 기술'과 '공을 드리블하는 기술'도 마찬가지입니다. 그리고 이것이 핵심인데, 메시의 경우는 '공 멈추기', '차기', '공 드리블하기'가 전부 한 세트

입니다. '공 멈추기', '차기', '공 드리블하기'에 경계선이 없지요.

　—한 세트라고요?

　가자마 공을 멈추는 것인지 드리블하는 것인지 모호하게 플레이한다는 말은 아닙니다. 공을 멈출 때는 공의 무늬가 보일 만큼 확실히 멈춥니다. 그런 의미에서는 '공 멈추기'와 '공 드리블하기'를 별개의 플레이로서 하지요. 한 세트라는 것은 쉽게 말하면 공을 두는 장소가 전부 같다는 의미입니다. 메시가 공을 '멈추는' 장소는 공을 '차기' 위한 장소이기도 합니다. 언제라도 찰 수 있는 장소에 멈춰 놓지요. '드리블할' 때도 마찬가지여서, 언제라도 '찰' 수 있는 장소에 놓은 채로 드리블을 합니다. 최고 속도로 드리블을 하더라도 그 장소에서 공이 벗어나지 않지요. 그래서 언제나 전부가 한 세트인 것입니다.

　—최고 속도로 드리블을 해도 공이 발에서 떨어지지 않는 것은 메시의 특징이지요.

　가자마 메시는 드리블을 할 때 달리는 방식이 독특합니다. 메시가 드리블을 하는 영상을 보면 축구화의 바닥이 거의 보이지 않습니다. 절대 안 보이는 것은 아니지만, 다른 선수에 비하면 명백하게 보이

는 빈도가 낮지요.

　—발을 후방으로 차면서 달리지 않는다는 뜻인가요?

　가자마 미끄러지듯이 달립니다. 발을 번갈아 앞으로 내밀면서 나아가지요. 육상 경기의 주법과는 다릅니다.

　—공을 발에서 떨어지지 않게 하기 위한 주법인가 보군요. 메시의 드리블을 보면 공이 거의 항상 메시의 왼발 앞에 있는 것처럼 보이더군요.

　가자마 100미터를 빠르게 달리는 데는 육상 경기의 주법이 최고이겠지만, 축구에서 드리블을 하면서 그 정도의 거리를 달리는 일은 거의 없습니다. 언제라도 플레이할 수 있는 장소에 공을 두면서 10미

터 정도를 빠르게 달리는 것이 목적이라면 메시의 주법이 합리적이라고 생각합니다.

　―경계선이 없다는 건 최고 속도로 달리면서도 언제나 공을 원하는 대로 플레이할 수 있는 위치에 둘 수 있다는 뜻이군요. 그래서 좁은 공간에서도 플레이할 수 있는 것이고요.

　가자마 그 기술에 관해서는 독보적인 경지에 이른 선수입니다. 메시가 드리블을 하고 있으면 상대는 계속 드리블을 할지, 패스를 할지, 아니면 슛을 할지 알 수가 없습니다. '상대를 자신의 공간 안으로 들어오지 못하게 하는' 것도 메시를 논할 때 중요한 주제이지요.

　―자신의 공간을 유지한 채 플레이할 수 있다는 말이군요.

　가자마 메시는 상대에게 드리블을 시도하지 않고 피해서 갑니다. 일반적인 선수들은 상대에게 돌진하다 페인트를 걸어 반응시킨 다음 반대 방향으로 가는데, 메시의 경우는 기본적으로 상대를 피해서

육상 경기의 주법

메시의 주법(드리블)

갑니다. 자신이 전진하는 도중에 상대가 나타나면 피하지요.

—장애물 경주 같은 느낌이군요.

가자마 같은 컷인이라도 아르연 로번과는 다릅니다. 로번을 상대할 때는 수비 네 명을 옆으로 나란히 세워 놓으면 슛을 당하지는 않을 겁니다. 하지만 메시를 상대할 때는 그래도 슛을 당할 거라고 생각합니다.

—그런데 메시는 유일무이한 존재이지 않습니까? 메시에게서 배우더라도 메시가 될 수는 없다고 생각하는데, 굳이 메시의 기술에 주목하는 이유는 무엇인가요?

가자마 저는 마라도나는 만들 수 없다고 생각하지만, 의외로 메시는 만들 수 있을지도 모른다고 생각합니다.

—메시를 만들 수 있다고요?

발을 뒤로 강하게 차내며 달리는 육상 선수와 달리, 메시는 발을 앞으로 내밀면서 미끄러지듯이 드리블한다

가자마 현재의 지도 방법과 시스템으로는 무리입니다. 다만, 그 부분을 바꾼다면 메시 자체를 만들기는 무리이더라도 메시 같은 선수를 찾아내기는 쉬워질 겁니다. 지금 같은 상황에서는 일단 메시가 될 수 있는 재능이 있는지 없는지도 알 수 없고, 설령 찾아내더라도 성장시킬 수 없습니다.

—지금의 상황이 어떻게 문제인 겁니까?

가자마 현재 상황에서 축구 선수는 '강가의 돌'에 비유할 수 있습니다. 계속 굴러가는 사이에 모난 부분이 깎여서 둥글둥글해지는 거지요. 오히려 지금의 훈련은 둥근 돌을 만들기 위해 하는 것인지도 모릅니다. 프로 무대에서 뛰기 위한 규격에 맞추는 측면이 있지요.

—그렇다면 현재 상황에서 가령 어떤 부분을 바꿔야 할까요?

가자마 생각하고 있는 것 중 하나는 VR 등의 기술을 활용한 트레이닝입니다. 갑자기 튀어나온 사람을 드리블로 피하는 훈련이라든가…. 그리고 또 한 가지는 제가 지금 하고 있는 스페셜 트레이닝처럼 환경의 측면에서 변화를 주는 것입니다. 이것은 폭넓은 연령대의 선수들을 함께 뛰게 하는 일종의 거리 축구인데, 극단적으로 체격이 다른 상대와 플레이함으로써 아이들이 다양한 대처법을 익히고 지혜를 키워 나가도록 만드는 것이 목적입니다. 작은 상대, 큰 상대, 빠른 상대, 느린 상대, 강한 상대 등 다양한 상대와 플레이하는 가운데 같은 또래하고만 연습할 때는 익힐 수 없는 것을 익히게 되지요. 어쨌든 지도자가 전에는 없었던 연습이나 환경을 제시해 나가지 않으면 설령 메시 같은 재능을 지닌 아이가 있더라도 발견할 수 없습니다.

—아하, 규격 외의 선수를 만들려면 연습이나 환경도 규격 외가 되어야 한다는 말씀이시군요. 하지만 메시가 될 수 있는 재능을 지닌 사람은 극소수일 겁니다. 그런데도 모두가 메시를 지향해야 할까요?

가자마 저는 지향해야 한다고 생각합니다. 메시에게는 현재의 기술이 집약되어 있기 때문입니다. 가령 토니 크로스는 '공을 멈추는 기술'과 '공을 차는 기술'에 관해서는 톱클래스이지만, 메시 같은 '공을 드리블하는 기술'은 없습니다. 물론 크로스도 매우 훌륭한 선수이지만, 지향한다면 모든 기술을 갖춘 메시여야 한다고 생각합니다. 메시를 '정답'으로 삼고 그의 기술을 이해하며 몸에 익혀야 합니다. 메시 자체를 만든다기보다 기술의 교과서로 삼아서 최고의 기술을 알고 지향해야 할 필요가 있다는 말입니다.

공과 한 몸이 되어서 상대를 제친다

오른쪽에서 온 패스를 원터치로 컨트롤하면서 한 명을 제치고, 두 번째 선수도 제친다. 최초의 터치로 공을 발에 붙이고 마치 몸과 하나가 된 것처럼 컨트롤하며 상대를 제치기 때문에 두 번째 선수에게도 방해받지 않는다

—메시를 지향한 결과 '역시 나는 크로스 쪽이 맞는 것 같아'라든가 '반다이크 쪽에 가까운 것 같아'라는 결과가 나오더라도 그건 그것대로 의미가 있다는 말씀이시군요.

가자마 물론 모두가 메시가 될 수는 없습니다. 일단 거의 대부분의 선수들은 될 수 없을 겁니다. 메시가 아닌 누군가가 되겠지만, 메시가 지닌 기술을 이해하는 것은 중요한 일이라고 생각합니다. 바르셀로나의 선수들도 메시와 똑같은 플레이를 하려고는 하지 않지만, 그래도 메시에 대해 이해하고 있습니다. 그리고 각자의 개성에 맞춰서 자신이 할 수 있는 플레이를 하고 있지요. 다만 메시가 무엇을 하고 있는지 이해하지 않으면 메시와 함께 플레이하기는 어려울 겁니다. 메시와 플레이할 수 있는 선수를 키운다는 의미에서도 메시에게서 배워야 한다고 생각합니다.

찰 수 있는
장소에 멈춘다

—'공 멈추기', '차기', '공 드리블하기'가 전부 한 세트라는 것이 메시의 대단한 점이지만, 가능하면 이 것을 따로따로 분해해서 기술에 관해 살펴보고 싶습니다(웃음). 메시의 '공을 멈추는 기술'은 어떤 점이 대단할까요?

가자마 영상을 보고 있으면 일순간이지만 공의 무늬가 보일 때가 있습니다. 공이 회전을 하지 않는, 움직이지 않는 순간이 있다는 말이지요.

—문자 그대로 '공을 멈춘다'는 말이군요.

가자마 다만 이것은 오해하기 쉬운 부분인데, 그저 공을 정지시키기만 하면 되는 것이 아닙니다. 즉 시 다음 플레이를 할 수 있는 장소에 공이 있다는 것이 중요하지요.

—메시의 경우, 항상 다음 플레이를 할 수 있는 장소에 공을 둔다는 말인가요?

가자마 그곳은 메시에게 '공을 차는' 장소이기도 합니다. 수비수가 자주 하는 동작인데, 공을 멈춘 다음에 다시 한번 터치해서 공을 움직이는 모습을 종종 볼 수 있습니다. 패스를 할 때가 많기 때문에 공을 발에서 떨어진 곳에 두는 것인데, 이는 퍼스트 터치로 공을 찰 수 있는 장소에 두지 않았다는 뜻입니다. 그래서는 플레이가 한 템포 느려질 수밖에 없지요. 공을 멈췄는데 위치를 다시 잡는 것은 그곳이 공을 찰 수 있는 장소가 아니기 때문입니다.

—공을 찰 수 없는 장소에 멈춰 놓은 것이군요.

가자마 한편 메시는 공의 위치를 다시 잡는 일이 거의 없습니다. 공을 멈추고, 원스텝으로 먼 거리로도 정확히 공을 차지요. 킥 동작도 그다지 크지 않습니다.

'멈추는' 장소와 '차는' 장소가 같다

오른쪽에서 온 패스를 컨트롤해서 즉시 슛을 한다. 메시는 '멈추는' 장소가 '차는' 장소와 같기 때문에 원스텝으로 강한 슛을 쏠 수 있다

—가자마 씨는 "차는 장소가 없으면 멈추는 장소도 없다"라는 말씀을 종종 하시는데, 메시는 차기 위해 공을 두는 장소가 확실히 있으니까 어디에 공을 멈출지도 명확한 것이군요.

가자마 '드리블'을 할 때도 마찬가지입니다. 아까 "일순간 공의 무늬가 보일 때가 있다"라고 말했는데, 공을 확실히 멈추지만 즉시 다음 플레이로 옮기면서 메시와 공 모두 움직이기 때문에 아주 짧은 순간 동안만 보이는 것입니다. 다만 메시와 공의 위치 관계는 항상 일정합니다. '공을 드리블하면서' 플레이를 바꾸더라도 위치 관계는 기본적으로 일정하지요.

—'드리블할 때'와 '멈출 때' 모두 공과의 위치 관계가 같기 때문에 드리블을 하면서 갑자기 슛을 하거나 패스를 할 수 있는 것이군요.

상대도
멈추게 한다

—어떤 경기에서 메시가 발끝으로 공을 멈춘 것을 봤습니다. 사소한 플레이지만, 발끝으로 '톡' 건드리니까 공이 딱 멈추더군요. 공을 멈추기 위한 포인트가 어디에 있는지 정확히 보는 능력을 가졌다는 생각이 들었습니다.

가자마 공의 어떤 한 점을 터치하면 멈추는지가 잘 보이는 것이지요.

—메시가 공을 멈출 때를 보면 공과의 접촉 시간이 짧다는 느낌을 받습니다.

가자마 점의 개념으로 생각하니까 빠른 겁니다.

—저희 세대의 경우 발로 공의 기세를 흡수하라고 배웠습니다. 아니, 지금도 그렇게 가르칠 겁니다. 하지만 그 방법은 공과의 접촉 시간을 늘려야 하기

공을 멈추는 방법

메시의

2

딱

때문에 메시처럼 공을 멈출 수가 없습니다.

가자마 메시는 공중에 떠 있는 공이든 땅을 구르는 공이든 빠르게 멈추고, 드리블의 터치도 똑같이 합니다. 저희도 공을 부드럽게 받아내듯이 멈추라고 배웠습니다. 하지만 공을 받는 발의 면은 스펀지처럼 푹신하지 않지요. 지금은 딱딱한 것을 딱딱한 것으로 터치해도 물리적으로 멈춘다는 것을 이해할 수 있지만, 당시에 그렇게 배우다 보니 그런 발상은 하기가 어려웠습니다.

—가자마 씨는 공을 멈추기 위한 점을 터치하려면 면보다 점이 안정적이라고 말씀하셨는데, 바로 메시가 그런 식으로 플레이하는군요. 발끝으로 공을 멈춘 장면은 점을 점으로 터치한 것이었기에 인상적이었습니다.

가자마 메시는 공을 멈출 때의 몸의 방향도 좋습니다. 무슨 플레이든 할 수 있는 곳에 멈춰 놓지요. 저는 "파이팅 포즈를 취하시오"라는 말을 자주 하는데, 무슨 플레이든 할 수 있는 곳에 공을 딱 멈춰 놓으면 상대는 움직일 수 없습니다.

　—그 상황에서 메시에게 달려들었다가는 말 그대로 무슨 플레이든 할 수 있는 상태이기 때문에 쉽게 제칠 수 있겠네요.

가자마 공을 멈추고, 상대도 멈추게 합니다. 그리고 공을 멈춘 순간 움직이는 플레이가 많습니다. '공을 멈춘다'와 '공을 옮긴다'의 간격이 매우 짧지요. 공을 멈췄을 때 상대도 멈추기 때문에 이미 자신의 공간을 확보하고 있습니다. 다음에는 그 상태로 상대가 자신의 공간 안으로 들어오지 않도록 조종

❶ 오른쪽에서 온 패스를 '멈춘다'.
❷ 다가온 상대가 완전히 멈추지 못한 것을 보고 왼발 아웃사이드를 사용해 왼쪽으로 돌파한다

하기 때문에 공을 거의 빼앗기지 않지요.

　—무리하게 공을 빼앗으려고 달려들면 상당히 높은 확률로 소위 알까기를 당하지요.

가자마 실제로 실력이 좋은 상대와 대치할 때는 대개 공을 빼앗으려고 생각하지 않습니다. 가급적 상대의 플레이를 제한해서 피해가 적은 곳으로 패스하도록 유도할 방법을 궁리하지요. 토니 크로스 정도라면 어느 정도 그런 수비도 가능할지 모릅니다. 하지만 메시라면 그럴 시간을 주지 않을 겁니다. 메시가 공과 함께 멈추면 수비 측은 '다들 빨리 이리로 모여서 도와줘!'라고 생각할 뿐 움직이지 못합니다. 메시가 권총을 들이대고 있는 것과 비슷한 상황이라고나 할까요?

멈추는 순간 공을 본다

공을 멈추는 방법

메시의

3

―공을 멈출 때 공과 발의 접촉 시간이 짧기 때문에 알기 어렵기는 한데, 공을 얼마나 보고 있을까요?

가자마 멈추는 순간에는 확실히 보고 있을 겁니다. 공을 터치하는 순간에는 제대로 보지 않으면 정확한 플레이를 할 수 없으니까요. 멈추기 전과 멈춘 뒤에는 시선을 공에서 떼고 있고 멈춘 뒤에 시선을 떼는 타이밍도 빠르지만, 멈추는 순간에는 확실히 보고 있습니다.

―상대가 가까이 있으면 자신도 모르게 그쪽이 신경 쓰여서 공으로부터 시선을 일찍 떼기 쉬운데요.

가자마 공을 터치하기 전까지는 주위를 살피는 편이 좋습니다. 자신에게 공이 오기 전까지는 공이 누구의 것도 아닌 상태이므로 주위를 살펴야 할 타이밍입니다. 하지만 공을 터치하는 순간만큼은 확실히 보지 않으면 터치를 실수할 위험이 있습니다. 그리고 터치해서 공을 멈추면 공이 어디에 있는지 안 봐도 알 수 있으니까 그때는 다시 상대나 주위를 살피는 타이밍이 됩니다.

―축구에서 일어나는 실수는 공을 제대로 보지 않아서 저지르는 터치 미스 아니면 주위나 상대를 보지 않아서 저지르는 판단 미스가 대부분이지요.

가자마 메시가 공을 바라보는 순간이 얼마나 짧은지에 주목해 보면 재미있을지도 모르겠습니다. 공을 터치하는 순간에는 공을 봐야 하는데, 얼마나 아슬아슬한 타이밍까지 공을 안 보고 주위나 상대를 살피고 있는지 말이지요. 공을 보는 시간이 짧을수록 그만큼 오랫동안 주위를 살필 수 있기 때문에 유리하게 플레이를 할 수 있습니다.

―볼 터치 자체도 점을 짧게 건드릴 뿐인데, 터치할 공의 점을 파악하는 속도도 빨라 보입니다.

가자마 발에 센서가 달려 있는 듯한 느낌이니까, 공을 멈추기 이전에는 그다지 공을 보고 있지 않을 겁니다.

―공을 멈추기 전에 미리 준비를 하지 않는다고나 할까, 최소한의 동작으로 멈추는 듯이 보입니다. 그 '센서'라는 것을 어떻게 몸에 단 걸까요?

가자마 경험의 양이 아닐까요? 단순하게 공을 터치한 횟수의 차이는 있을 것으로 생각합니다. 우리도 어릴 적에 공을 자주 만졌지만, 역시 집에서

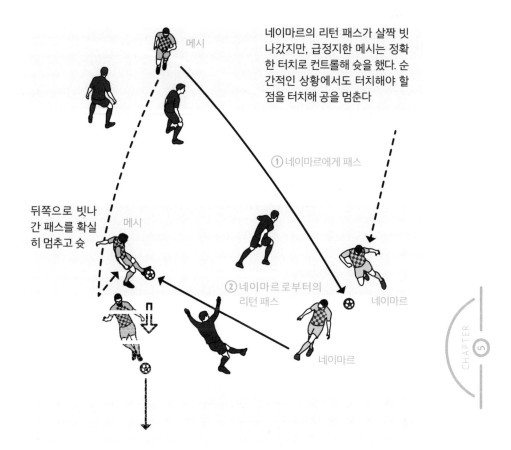

메시

네이마르의 리턴 패스가 살짝 빗나갔지만, 급정지한 메시는 정확한 터치로 컨트롤해 슛을 했다. 순간적인 상황에서도 터치해야 할 점을 터치해 공을 멈춘다

① 네이마르에게 패스

뒤쪽으로 빗나간 패스를 확실히 멈추고 슛

메시

② 네이마르로부터의 리턴 패스

네이마르

네이마르

는 테이블 아래에서 한 정도니까요.

　—마라도나도 호나우지뉴도 집에서 드리블을 했었다는 이야기는 들었습니다.

　가자마 센스도 중요하지만, 패스가 빗나갔을 때 발을 내미느냐 내밀지 않느냐는 일본과 외국 리그 사이에 차이가 있습니다. 메시는 자신에게 오는 패스가 빗나갔을 때도 스텝을 다시 밟으며 발을 내밀고(위의 그림) 다른 선수들도 당연하다는 듯 그렇게 하지만, J리그에서는 거의 그런 플레이를 하지 못하지요.

공이 몸에서
떨어지지 않는다

공을 드리블하는 방법

메시의

1

—메시의 특징으로, 드리블을 할 때 공이 발에서 떨어지지 않는 다는 것이 있습니다. 오른쪽에서 컷인을 하면서 슛 페인트라고 해 야 하나, 슛을 할 것 같은 분위기를 풍기기만 하면서 수비수를 연달 아제치는 모습을 종종 보는데, 그때도 역시 공이 발에서 떨어지지 않더군요.

가자마 덴노배 결승전에서 나고야 그램퍼스의 드라간 스토이코 비치가 컷인을 하면서 여러 명을 제치고 슛을 한 적이 있는데, 그때 도 공은 발에서 상당히 떨어져 있었습니다. 뭐, 메시에 비하면 그렇 다는 겁니다만. 차는 동작은 나아가는 방향과 반대쪽으로 힘이 작용 합니다. 팔을 벌리고 디딤발을 내디디며 몸을 젖히는 동작으로 공을

찰 것 같이 페인트를 넣으면 몸이 멈추지요. 하지 만 그 사이에도 공은 움직이고 있기 때문에 아무 래도 공과의 거리가 멀어집니다.

—보통은 차는 동작을 취하면 몸이 멈추는데, 메시의 경우는 그렇지가 않습니다.

가자마 차는 동작 자체가 다르기 때문일 겁니 다. 메시는 거의 몸을 앞으로 기울인 드리블 자세 에서 그대로 다리를 휘두를 수 있습니다.

—보통은 상반된 동작인 '드리블하기'와 '차기'가 일체화되어 있는 것이군요.

가자마 거의 달리는 보폭 그대로 슛을 하지요. 드리블의 터치 수가 많은 것도 수비수가 페인트에 걸려드는 이유입니다.

—킥 페인트라기보다 보폭을 살짝 바꿨을 뿐인데, 그렇게만 해도 수비수가 픽픽 쓰러지더군요. 뭐랄까, 보폭의 템포가 맞지 않는 느낌입니다.

가자마 터치가 많습니다. 수비수는 메시가 터치할 때마다 반응을 해야 하기 때문에 아무래도 타이밍이 늦어지게 되지요. 게다가 메시는 터치 간격도 짧고 공을 드리블하는 속도도 빠르기 때문에 수비수는 뒤처지고 맙니다.

—트레이닝을 하면 메시처럼 할 수 있게 될까요?

필살의 대각선 드리블

메시의 특기인 대각선 드리블. 잦은 볼 터치를 하면서 살짝 스텝을 바꿔 슛을 할 것 같은 분위기를 풍기기만 해도 수비수들이 픽픽 쓰러진다

가자마 메시만큼 자연스럽게 할 수는 없겠지만, 의식하면 달라질 겁니다. 메시를 보면 다리의 앞쪽 근육에 거의 힘을 주지 않는 듯 보입니다. 앞쪽 근육은 전진할 때가 아니라 멈출 때 작용하는 경우가 많습니다. 킥 페인트를 할 때 앞쪽 근육을 사용해서 몸을 멈추기 때문에 공이 발에서 멀어지는 것인데, 가급적 뒤쪽 근육의 힘을 사용해서 달리면 공보다 느려지지 않습니다.

진행 방향으로부터 벗어나지 않는 정확한 터치

—공이 발에서 떨어지지 않는 동시에, 진행 방향으로부터 공이 좌우로 벗어나는 경우도 적습니다.

가자마 방향을 날카롭게 바꿉니다. 하지만 방향을 바꿔도 몸과 공의 관계성은 똑같기 때문에 진행 방향으로부터 좌우로 벗어나지 않지요. 마치 공을 손에 들고 달리는 듯한 느낌마저 듭니다. 가령 방향을 90도 바꿀 때는 공의 바로 옆을 터치하면 되는데, 정확하게 터치하지 않으면 공에 이상한 방향으로 회전이 걸립니다.

공을 드리블하는 방법

메시의

2

흔들리지 않는 공 터치
왼쪽으로 나아간 뒤 방향을 바꾸는 장면. 공이 항상 진행 방향을 향해서 똑바로 회전하고 있어 플레이에 군더더기가 없다

나아갈 방향을 향해 똑바로 굴러가지 않기 때문에 나아가는 방향으로부터 공이 벗어나지요. 그러면 공의 궤도를 수정하기 위해 불필요한 동작을 해야 하고 당연히 그만큼 느려집니다만, 메시의 드리블은 이상한 회전이 거의 걸리지 않습니다. 호를 그리듯이 움직이는 것이 아니라 똑바로 나아가지요. 방향을 바꿀 경우는 나아가려 하는 방향을 향해 똑바로 전진합니다.

—펠레의 영상을 보면 믿을 수 없을 정도의 보디 밸런스로 상대를 제치는 장면이 자주 나옵니다. 몸의 축에서 공이 벗어나더라도 강인한 복원력으로 되돌리지요. 그건 그것대로 대단하다고 생각합니다만, 메시의 경우는 항상 같은 자세에 체간도 거의 사용하지 않는 것처럼 보입니다.

가자마 체간이 상당히 강할 것이라고는 생각합니다만, 체간이 강해서 그런 플레이를 할 수 있는 것은 분명히 아니지요.

—메시가 초등학생이었을 때의 영상을 보면 기본적으로 지금과 거의 다르지 않은 플레이를 합니다. 어린 시절의 메시가 그대로 성인이 된 느낌이 듭니다.

가자마 어린 시절 그대로라는 것이 일류라는 증거입니다. 마라도나도 크루이프도 모두 그랬지요. 재미있는 점은, 메시가 바르셀로나의 육성팀으로 테스트를 받으러 왔을 때 코치 다섯 명 중 세 명이 '프로가 되기는 어려울 것'이라고 판단했다는 사실입니다. 두 명이 합격, 세 명이 불합격으로 판정했습니다. 몸이 작기 때문에 어렵다는 것이 세 명의 의견이었지요. 그래서 더 나이가 많은 카테고리에서 플레이를 시켜 본 뒤 나이가 많고 체격이 큰 선수들 사이에서도 상당한 수준의 플레이를 하는 것을 보고 합격 판정을 했습니다. 프로가 될 수 있느냐. 그들은 이 점을 상당히 중요하게 생각합니다. 어쨌든 그렇게 해서 합

격을 했는데, 이번에는 메시를 맡은 카테고리의 코치가 '어떻게 육성해야 할까?'를 고민하기 시작했습니다.

—재능은 뛰어나지만 몸이 작았으니까요.

가자마 그랬는데 고민할 틈도 없이 카테고리를 단숨에 뛰어넘었지요(웃음).

—고민할 필요도 없었다는 결말이군요.

미끄러지듯이 달린다

—드리블을 할 때의 주법도 독특했지요?

가자마 육상 경기의 주법과는 다르지요.

—"발바닥이 거의 보이지 않는다"라고 하셨지요.

가자마 육상 경기의 주법은 발로 지면을 차서 추진력을 얻기 때문에 지면을 찬 뒤에는 엉덩이 쪽으로 발이 올라갑니다. 그런데 메시의 경우는 그 움직임이 적습니다. 발로 지면을 차서 앞으로 나아간다기보다 오로지 앞으로 발을 번갈아 내밀며 나아가는 느낌이지요.

—제자리걸음을 하는 것에 가까운 느낌인가요?

가자마 그렇습니다. 물 위를 달릴 수 있다면 아마도 그런 식으로 달리지 않을까 싶네요. 발의 접지(접수?) 시간을 최대한 짧게 하는 겁니다. 안 그러면 가라앉을 테니까요.

공이 발에서 떨어지지 않는 드리블

—드리블을 하기 위한 주법이군요.

가자마 그저 빠르게 달릴 뿐이라면 육상 경기의 주법이 더 이치에 맞지만, 축구에는 공이 있습니다. 메시는 항상 공을 터치할 수 있도록 발의 접지 시간을 줄였습니다. 그래서 공이 발에서 떨어지지 않는 것이지요.

—누구에게 배운 주법은 아니겠네요.

가자마 축구 선수는 공과 함께일 때 빨라집니다. 가와사키 프론탈레에서 뛰었던 모리야 겐타로가 그랬습니다. 본래 발이 빠른 선수는 아니었는데, 40미터 정도를 드리블하는 연습을 매일 하더니 엄청나게 발이 빨라졌습니다. 주법이 바뀐 덕분일 겁니다. 이처럼 몸을 쓰는 법을 공이 가르쳐 주는 측면이 있습니다.

발의 접지 시간이 짧아서 항상 공을 터치할 수 있기 때문에 드리블을 할 때 공이 발에서 떨어지지 않는다

최고 속도로
드리블을 하면서
바라보는 풍경

—메시는 최고 속도로 드리블을 하고 있어도 상대나 주위가 잘 보이는 모양입니다. 그렇게 빠른 속도로 달리면 초점이 흔들릴 것 같은데 말이지요.

가자마 눈에 보이는 모습은 사람마다 다르기 마련입니다. 메시의 눈에 무엇이 보이는지는 상상하는 수밖에 없습니다만, 그런 속도로 움직이면서도 여러 가지 것들이 정상적으로 보이는 것이겠지요. 이 것은 자동차의 타이어와 비슷해서, 좋은 타이어를 달면 자동차는 흔들리지 않지만 나쁜 타이어를 달면 심하게 흔들릴지도 모릅니다. 메시의 타이어를 달고 달려 보지 않으면 메시가 보는 풍경이 어떤지는 알 수 없습니다. 타이어는 곧 기술이고, 기술과 눈은 비례합니다. 다만 메시 정도는 아니더라도 어느 정도의 기술이 있으면 드리블을 하면서도 주위가 꽤 뚜렷하게 보입니다.

골키퍼의 사각을 파악한 슛

수비수 세 명이 드리블하는 메시의 슛
코스를 막는다. 메시는 골키퍼의 눈에
자신이 보이지 않고 있음을 감지하고
비어 있는 코스로 정확히 슛을 한다

—메시가 순간적으로 무엇을 보고 있을지 흥미가 생기네요.

가자마 상대를 피하면서 무엇을 보고 있을까요? 여러 가지 것들이 보일텐데. 이를테면 골키퍼의 움직임도 보일 겁니다. 직접 골키퍼를 보고 있다기보다 골키퍼에게 자신이 보이고 있는지 어떤지 파악하는 것이 아닐까 싶네요.

—반사적으로 수비수의 가랑이 사이로 공을 통과시키는데, 그 빈틈이 정말로 보이는 건지 궁금합니다.

가자마 반사적이기는 하지만 확신을 갖고 플레이하는 것이 느껴집니다. 메시 본인은 이미 몸에 배어 있을 겁니다. 어렸을 때부터 매일 상대의 가랑이 사이로 공을 통과시켜 왔을 테니까요.

메시

같은 장소에서 다양한 방법으로 공을 찬다

메시의

패스를 하는 방법

1

—메시의 패스는 어떤 특징이 있나요?

가자마 간단히 말하면 '시간'입니다.

—빠르다는 뜻인가요?

가자마 빠릅니다. 공의 속도와 정확성이 만들어내는 빠름이지요.

—불필요한 동작이 없습니다. 드리블을 하다가 갑자기 공이 나가는 느낌이랄까요?

가자마 다양한 종류의 킥을 거의 같은 자세로 찰 뿐만 아니라 이때 공을 두는 장소도 같습니다.

—빠른 패스라든가 두둥실 떠서 날아가는 패스 등 다양한 공을 상황에 맞춰서 차는데, 발로 때리는 공의 장소만 다를 뿐 사용하는 발의 부분은 거의 일정하더군요.

가자마 차고자 하는 패스에 맞춰 디딤발의 위치를 바꾸는 일도 없습니다. 스텝을 다시 밟지 않는 만큼 패스가 빨라지지요.

—공과 몸의 위치 관계가 일정한 것은 메시의 특징이네요.

가자마 다만, 자신과 공의 최선의 위치 관계를 파악하는 것은 어려운 일입니다. 멈춰 있을 때 최선의 장소를 찾아내더라도 움직이고 있을 때는 그곳이 최선의 장소가 아님을 깨닫기도 하지요.

—일단은 멈춘 상태에서 최선의 장소를 알아낸 다음, 움직이고 있을 때도 그곳이 최선의 장소인지 확인하는 순서로 진행해야 할까요?

축구 실력을 향상시키는 가자마의 조언 9

"배우지 마라. 뛰어넘어라."

배운다는 발상으로는 평생이 가도 따라잡지 못한다. '어떻게 해야 이길 수 있을까?'라는 발상을 갖는 것이 발전의 지름길이다

가자마 그렇습니다. 오시마 료타(가와사키 프론탈레)는 볼을 다루는 솜씨가 뛰어난 드리블러였지만, 공을 '차는' 장소를 가지고 있지 않았습니다. 하지만 그것을 파악한 뒤에는 골도 넣을 수 있게 되었지요.

—측면 전환 같은 긴 패스도 정확합니다.

가자마 메시뿐만 아니라 바르셀로나의 플레이를 보고 있으면 측면 전환을 할 때 인사이드 킥으로 차는 경우가 많습니다.

—인사이드 킥이라고 하면 숏패스라는 이미지가 있습니다만.

가자마 인사이드 킥으로 30미터가 넘는 패스도 아무렇지 않게 차지요.

—가장 정확도가 높은 킥으로 그 거리를 보낼 수 있다면 숏을 포함해서 거의 전부 인사이드 킥만 사용해도 되겠네요.

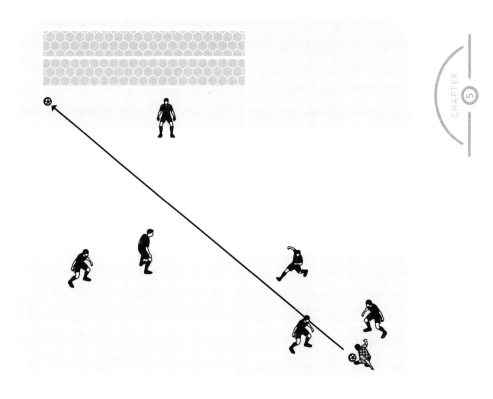

페널티 지역 밖에서도 인사이드 킥으로 골을 넣는 메시. 멈추고 차는 동작에 군더더기가 없어서 빠르고 정확한 숏이 날아간다

먼저 상대를
본다

—메시는 드리블을 하면서 아주 작은 틈을 뚫고 지나가는 패스를 자주 성공시킵니다. 스루패스도 아슬아슬하게 수비수가 건드리지 못하는 코스로 보내거나 하지요. 어떻게 그런 장소가 보이는지 신기합니다.

가자마 먼저 메시는 동료를 찾지 않습니다. 상대를 보지요. 상대의 태세를 살피는 가운데 동료가 시야에 들어오는 것입니다. 그러지 않으면 그런 패스는 할 수 없습니다.

—그렇군요. 메시의 경우는 일단 자신이 슛을 할 생각으로 드리블을 하고 있을 테니 상대의 움직임은 당연히 보고 있겠네요. 그런 가운데 공이 통과할 수 있는 코스나 타이밍을 알 수 있을 테고요. 그곳에 동료가 좋은 타이밍에 와 있다면 패스로 바꾼다는 말씀이시지요?

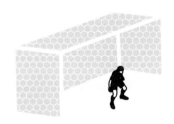

가자마 동료에게 맞춰서는 늦습니다. 상대가 패스를 차단할 수 없는 상황인지 보는 것이 먼저입니다.

—그곳에 동료가 와 있느냐 없느냐의 문제군요.

가자마 상대가 움직일 수 없거나 움직여도 닿지 않는 패스 코스를 찾아낸 상태에서 동료가 좋은 타이밍에 그곳에 와 있으면 패스를 합니다. 그 '언제'를 찾아내는 능력이 참으로 뛰어나지요.

　―동료도 보겠지만, 먼저 상대의 움직임을 보는 것이 중요하군요.

가자마 극단적으로 말하면 동료는 무시해도 됩니다. 제가 현역 선수였을 때도 상대가 '멈춘 것처럼' 보일 때가 있었습니다. 상대의 발꿈치가 올라가는 순간이 보입니다. 30미터 앞에 있는 상대가 멈춰 있는 듯이 보이는 것이지요. 30미터 앞이 바로 앞에 있는 것 같은 감각입니다.

　―야구계에서 '타격의 신'으로 불렸던 가와카미 데쓰하루의 "공이 멈춰 있는 것처럼 보인다"하고 비슷하네요.

가자마 메시는 상대의 발의 움직임 같은 것이 먼 곳에서도 잘 보이는 듯합니다. 이것은 시력 검사를 해 보면 알 수 있을 겁니다. 동체 시력이나 영상 기억 능력 같은 것을 검사해 보면 틀림없이 보통 사람과는 다를 겁니다. 사실은 사람마다 눈에 보이는 것이 다르지요.

메시

먼저 상대를 보고 패스한다

드리블을 하면서 수비수의 틈새를 통과하는 스루패스를 보낸다. 먼저 상대의 움직임을 보고, 공을 통과시킬 수 있는 틈새로 동료가 좋은 타이밍에 왔다면 패스를 한다

—재미있는 건, 메시는 노룩 패스를 사용하지 않는다는 겁니다.

가자마 안 그래도 패스가 빠르니까요.

—노룩 패스는 수비수의 반응을 한 순간 늦추는 효과가 있는데, 늦추지 않아도 패스가 통과합니다. 패스임을 깨달았을 때는 이미 늦은 뒤죠.

가자마 패스를 할 거라고 생각되지 않는 타이밍에 패스를 합니다. 그리고 패스할 것을 알고 있어도 발이 닿지 않지요.

—요컨대 노룩 패스를 사용할 필요가 없습니다. 패스의 정확도도 핀포인트이고요.

가자마 거리감과 타이밍을 파악하는 솜씨가 매우 뛰어납니다.

—노린 장소로 정확히 차는 것도 대단한데, 심지어 순간적으로 움직이면서 차니까요.

메시

가자마 패스의 행방을 찾아내는 속도가 빠릅니다.

—프리킥 같은 경우 멈춘 상태에서 목표를 보고 궤도를 머릿속에 그리며 차는데, 심지어 아주 짧은 시간에 코스를 정하고 킥의 종류나 강약도 여기에 맞출 줄 압니다.

가자마 메시는 프리킥을 할 때도 상당히 빠르게 찹니다. 목표를 찾아내는 방식도 '점'이라고 생각합니다.

—'점'이라는 건…?

가자마 가령 수비수의 머리 위를 넘어가는 패스를 찬다고 가정했을 때, 수비수의 머리 위 5미터의 범위에 공을 통과시키려 하는 것과 머리 위 50센티미터의 범위에 공을 통과시키려 하는 것은 머리 위를 넘어간 뒤에 공이 떨어지는 장소가 달라집니다.

—애초에 노리는 장소와 목표의 설정이 다르다는 말씀이시군요.

**메시의 특기인
'핀포인트' 패스**

메시의 특기인 '핀포인트 패스'. 수비
수의 머리 위를 아슬아슬하게 넘어
가는 코스를 핀포인트로 노린다

골키퍼를
보지 않는다

—드리블로 수비수를 제치면서 골을 넣는 메시인데, 골키퍼의 움직임은 보고 있을까요?

가자마 완전히 골키퍼와 1 대 1이 되었을 때는 별개이지만, 그 외에는 거의 보지 않는다고 생각합니다. 그보다 비어 있는 장소는 눈에 보일 겁니다. 아니, 애초에 골키퍼도 알지 못하는 사이에 비어 있는 장소를 찾아내는 것

메시

이 메시의 기술입니다.

—그렇다고는 해도, 어떻게 슛을 할 장소를 찾아내는 걸까요?

가자마 페널티 지역 안이라면 간접 시야로 골문이 보입니다. 어느 시점에 봤겠지만, 슛을 하기 직전은 아닙니다. 그보다 이전이겠지요. 여기에 골문의 비어 있는 위치는 수비수가 가르쳐 주는 경우도 종종 있습니다.

—수비수가 가르쳐 준다고요?

가자마 수비수는 메시와 골문 사이에서 슛 코스를 막고 있을 것입니다. 그러니까 눈앞에 있는 수비수 너머에는 골문이 있다는 뜻이지요. 같은 원리로 골키퍼의 위치도 알 수 있습니다.

—수비수가 채 막지 못한 코스를 지키려 하겠지요. 그곳에 있을지 어떨지는 모르더라도요.

가자마 메시는 직접 골키퍼를 보지 않더라도 골키퍼의 위치는 알고 있을 겁니다. 골키퍼의 움직임을 역으로 찌른 코스에 슛을 하는 경우가 꽤 많지요. 메시에게 골키퍼가 보이지 않는다면 골키퍼에게도 메시가 보이지 않습니다. 메시는 골키퍼가 자신을 보지 못한다는 것을 알고 있는 것입니다.

—골키퍼가 잡을 수 없는 골문의 구석으로 정확하게 차는 슛이 많습니다.

가자마 역시 슛이 들어갈 확률이 높은 코스는 그곳이니까요. 신중하게 낮은 코스로 슛을 노립니다. 그 코스가 없을 때는 위쪽 코스를 노리지요. 슛 자체도 힘을 빼고 찹니다.

—힘을 주면 골대를 벗어나 버리기 일쑤이지요.

가자마 메시의 슛을 골키퍼가 막지 못하는 이유는 첫째로 골키퍼에게 메시가 보이지 않았기 때문입니다. 그리고 둘째로 메시가 언제 슛을 할지 몰라 움직이는 타이밍이 늦어졌기 때문입니다. 이 두 가지로 골키퍼를 속이는 것이지요.

메시

골키퍼를 보지 않고 슛을 한다

오른쪽에서 컷인해 니어 사이드로 슛을 한다. 수비수가 니어 사이드를 봉쇄하듯이 슛 블록에 들어갔기 때문에 골키퍼가 파 사이드에 있음을 감지한다. 수비수의 다리 사이를 통해 니어 사이드로 슛을 했다. 말 그대로 '상대가 슛 코스를 가르쳐 준' 것이다

슛은
낮게 찬다

—슛은 역시 낮게 차는 편이 들어갈 확률이 높습니다.

가자마 골키퍼가 공에 닿기까지 시간이 걸리니까요. 득점을 양산하는 스트라이커는 아래쪽 구석으로 공을 차는 능력이 있습니다. 나고야 그램퍼스에서 득점왕이 되었던 조가 한 말인데, 제가 아래를 노리라고 했더니 "저희 아버지도 항상 그렇게 말씀하셨어요"라더군요(웃음).

—20미터 정도의 슛이라면 메시는 골문의 아래쪽 구석을 향해서 차지만, 니어 사이드의 위쪽이나 골키퍼의 다리 사이로 슛을 하기도 합니다.

메시의 슛 2

슛은 아래쪽 구석을 노린다

특기인 컷인을 한 뒤 수비수 세 명이 다가오기 직전에 빈틈으로 슛을 한다. 골키퍼의 눈에 보이지 않는 상태여서 안 그래도 반응이 늦어지기 쉬운데, 정확히 반대편 골대의 아래쪽 구석으로 찼다

가자마 그런 슛은 거의 '패스'에 가깝고, 감각적으로는 '드리블'과 똑같을 겁니다. 아래로 차는 코스가 없다면 반대로 위는 비어 있다는 뜻이지요.

—메시가 언제 슛을 할지 알 수가 없는 것은 애초에 드리블을 할 때 언제라도 찰 수 있는 장소에 공을 두고 있는 것이 크다고 생각합니다.

가자마 슛 자세를 만드는 것이 아니라 달리면서 차기 때문에 골키퍼로서는 아무래도 반응이 늦어질 수밖에 없지요. 또한 빠른 타이밍에 공을 찰 수 있다는 것은 타이밍을 늦출 수도 있다는 뜻이기 때문에 한 박자 늦게 차면서 타이밍을 어긋나게 만드는 경우도 있습니다.

프리킥은 '패스'다

—골을 양산하고 있는 프리킥에 관해서도 해설을 듣고 싶습니다.

가자마 아마도 '슛'을 한다는 의식은 없을 겁니다. 차는 동작 자체도 상당히 빠르지요. 그 점은 '패스'와 같습니다. 패스와 같은 감각으로 프리킥을 차는지도 모릅니다.

—무회전 슛을 하는 것도 아니고, 골키퍼가 절대 손을 쓸 수 없는 마구 같은 슛은 아닌데 잘 들어간단 말이지요.

가자마 강한 슛은 아니지요.

—골키퍼가 한 발자국도 움직이지 못하는 슛은 아닙니다. 물론 움직이지 못

마구(魔球)가 아님에도 척척 들어가는 프리킥

프리킥을 '패스'와 같은 감각으로 찬다. 이 곳으로 차면 들어가는 장소를 찾아내는 속도도 빠르며, 킥의 정확성이 매우 높다

할 때도 있기는 합니다만, 공의 속도와 코스가 딱 적당합니다. 어떤 의미에서는 골대가 조금만 작았다면 들어가지 않았을지도 모르는 슛으로 보인단 말이지요. 지금의 크기이기 때문에 아슬아슬하게 들어갔다고나 할까….

　가자마 그럴지도 모릅니다. 골대가 작았다면 다르게 찼을 것이라고는 생각합니다만.

　—약간의 과부족도 없다고 해야 할까요. 프리킥뿐만 아니라 메시의 플레이는 전부 이렇게 과부족 없이 깔끔하다는 느낌을 받습니다.

　가자마 공과 골대의 거리, 각도, 수비벽의 상태, 골키퍼의 위치에 입각해 여기로 차면 들어가는 장소에 그대로 집어넣습니다. 패스와 마찬가지인데, 그 판단이 상당히 빠르지요.

컷백 크로스를
다이렉트 슛

컷백 크로스를 다이렉트로 로빙
슛. 메시가 가끔 보여주는 슛 중 하
나인데, 공을 차는 정확성과 짧은
순간에 코스를 찾아내는 빠른 눈
이 성공의 비결이다.

메시

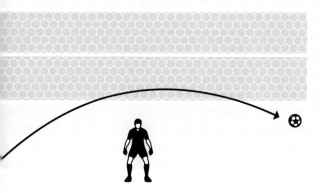

컷인에서
이어지는 슛

컷인에서 이어지는 슛은 이제 리플레이처럼 반복되고 있다. 드리블을 하면서 언제라도 찰 수 있는 장소에 공을 두고, 수비수의 빈틈 사이로 슛을 한다. 골키퍼의 시선에서는 잘 보이지 않는다. 드리블의 보폭으로 그대로 슛을 하기 때문에 골키퍼로서는 타이밍을 파악하기가 어렵다

메시

낮은 크로스를
다이렉트 슛

낮은 크로스를 수비수 앞에서 받아 다이렉트로 슛하는 것도 메시의 특기다. 수비수의 정면에서 살짝 벗어난 장소에 있으면서 슛 코스를 만든다

메시

'메시 해부 도감'의 정리

⚽ 메시는 '멈출 때', '찰 때', '드리블할 때' 공을 두는 장소가 똑같다

⚽ '멈추는' 순간에는 공을 보지만, 공을 보는 시간이 짧아서 그만큼 주위를 살필 시간이 생긴다

⚽ 메시는 공을 멈출 때 상대도 멈추게 한다

⚽ 최고 속도로 드리블을 해도 공이 발에서 떨어지지 않는 이유는 항상 공을 터치할 수 있도록 발의 접지 시간을 줄여 미끄러지듯이 달리기 때문이다

⚽ 일반적인 드리블은 상대에게 돌진하지만 메시는 피해서 간다

⚽ 메시의 드리블은 공에 이상한 회전이 걸리지 않기 때문에 손으로 잡고 있는 것처럼 공이 몸에서 떨어지지 않은 채 진행 방향을 바꿔서 갈 수 있다

- ⚽ 메시는 다양한 킥을 같은 자세로 찬다

- ⚽ 메시는 패스를 할 때 동료를 찾지 않는다. 먼저 상대를 살피고 패스 코스를 찾아내며, 그곳에 동료가 들어오면 패스를 한다

- ⚽ 슛을 할 때 골키퍼를 보지 않고 수비수 등의 위치를 통해 어떤 코스가 비어 있는지 파악한다

- ⚽ 드리블을 하다가 갑자기 슛을 할 수 있는 이유는 '드리블할 때'와 '멈출 때' 공을 두는 장소가 같기 때문이다

- ⚽ 슛은 골대의 아래쪽 구석을 노린다

- ⚽ 프리킥은 이곳으로 차면 들어가는 장소로 패스를 하듯이 찬다

- ⚽ 대부분의 선수는 메시가 될 수 없지만, 그래도 메시를 지향해야 한다

축구에서는 감각이 결정적으로 중요하다

나의 아버지 세대는 칼로 연필을 깎았다. 그리고 나는 어렸을 때 수동 연필깎이를 사용했다. 그러다 이윽고 전동 연필깎이가 등장했고, 언제부터인가 샤프를 사용하면서 연필은 아예 사용하지 않게 되었다. 세상이 편리해지는 것은 좋은 일이지만, 몸에 배었던 감각이 조금씩 사라져 가는 것은 서운한 일이다.

아프리카나 동남아시아에 가면 맨발 또는 샌들을 신고 축구를 하는 아이들을 볼 수 있다. 축구를 하려면 신발을 신는 편이 좋다. 다만 신발을 신고 플레이한 경험밖에 없으면 맨발로 직접 공을 터치하는 감각은 얻지 못한다. 바람 빠진 공이나 콘크리트 위에서 튀어 오르는 공을 다루는 감각도 그것을 경험한 적이 없다면 갖지 못할 것이다.

"콘크리트 위에서 테니스 슈즈를 신고 축구를 한다면 지금보다 더 멋진 플레이를 보여줄 수 있을 것이다."

지네딘 지단은 현역 시절에 이렇게 말했다.

"돌멩이를 차면서 기술을 익혔기 때문에 헤딩만큼은 능숙해지지 못했지."

이것은 카메룬의 전설적인 축구 선수 로저 밀러가 한 말이다.

여러분의 공은 돌멩이가 아닐 것이고, 마르세유의 아파트 단지의 콘크리트 마당에서 축구를 한 적도 없을 것이다. 지단이나 밀러가 가지고 있었던 감각은 없어도 되는 것인지 모른다. 칼로 연필을 깎지 못하더라도 내 일상생활에는 아무런 지장이 없는 것과 마찬가지다.

다만 축구에서는 감각이 결정적으로 중요하다. 짧은 순간에 공의 어디를 어떻게 터치하느냐가 모든 것을 결정하는 스포츠다. 그리고 감각은 그 개인 고유의 것이다.

맨발로 공을 터치해 보면 자신의 발과 공의 관계가 더욱 명확해진다. 그런 감각은 많을수록 좋다. 수많은 감각을 자신의 것으로 만들면 유리해질 뿐만 아니라 수많은 감각을 즐길 수도 있다.

아, 새끼발가락 쪽에 살짝 맞았네. 예를 들면 이런 것을 깨닫기만 해도 축구 실력이 향상되면서 축구가 재미있어진다. 이 책에 시각화되어 있는 감각을 여러분의 감각으로 만든다면 정말 기쁠 것이다.

니시베 겐지(구성)

SOCCER TOMERU KERU KAIBOUZUKAN

© YAHIRO KAZAMA 2020

Originally published in Japan in 2020 by X-Knowledge Co., Ltd.

Korean translation rights arranged through AMO Agency, Seoul

축구의
멈추기·차기
절대 기술

1판 1쇄 인쇄 | 2021년 6월 8일
1판 1쇄 발행 | 2021년 6월 15일

지은이 가자마 야히로
옮긴이 이지호
감　수 조세민
펴낸이 김기옥

실용본부장 박재성
편집 실용1팀 박인애
영업 김선주
커뮤니케이션 플래너 서지운
지원 고광현, 김형식, 임민진

디자인 제이알컴
인쇄·제본 민언프린텍

펴낸곳 한스미디어(한즈미디어(주))
주소 121-839 서울시 마포구 양화로 11길 13(서교동, 강원빌딩 5층)
전화 02-707-0337 | 팩스 02-707-0198 | 홈페이지 www.hansmedia.com
출판신고번호 제 313-2003-227호 | 신고일자 2003년 6월 25일

ISBN 979-11-6007-694-3   13690

책값은 뒤표지에 있습니다.
잘못 만들어진 책은 구입하신 서점에서 교환해 드립니다.